Cómo poner sus precios

El método práctico que funciona, junto a las
estrategias más efectivas que la mayoría de
negocios desconoce

Isaac García

https://emprender.email

Índice de contenido

1

El precio es la clave de los beneficios de un negocio

Mi nombre es Isaac, soy economista, emprendedor y creé una de las webs sobre negocios y emprendimiento más visitadas en español. En casi 20 años he vendido toda clase de productos a miles de clientes y a los más diversos precios. También he trabajado asesorando a pequeños emprendedores y grandes empresas y he podido comprobar de primera mano lo que funciona y lo que no.

Pero eso no importa. Lo que importa es esta pregunta: ¿Cuál es la manera más rápida de aumentar nuestros beneficios?

Cambiar el precio de lo que vendemos.

El precio es el elemento que más **impacto directo e instantáneo tiene sobre los resultados** de nuestra empresa.

Además de eso, es **uno de los elementos más importantes del marketing**. Es decir, de nuestra capacidad para atraer y persuadir a nuestros clientes ideales.

Sin embargo, ¿cuál es la estrategia de precios más habitual en la mayoría de negocios?

Poner más o menos el mismo precio que la competencia.

O si acaso, un poco más bajo, con la vana esperanza de que eso decante la balanza de nuestro lado.

No lo hará. De hecho, esto suele tener un efecto desastroso porque, en la mayoría de casos, los otros competidores tampoco tenían mucha idea de cómo poner sus precios cuando lo hicieron y se fijaron también en los demás. El resultado es que todo se convierte en un caso de **ciegos siguiendo a ciegos**.

Sin embargo, cuando intentas remediar esto y aprender más sobre cómo poner un precio adecuado para lo que vendes, los métodos académicos son incomprensibles o poco aplicables en el día a día de la mayoría de empresas. Si no tienes un equipo de matemáticos, o eres un negocio con un amplio historial de ventas, andas perdido.

Y lo que es peor, **el precio, y cómo funciona en el mundo real, es un tema completamente desconocido** para la mayoría de emprendedores. Mucho de lo que creemos saber sobre el tema es falso, como comprobaremos en breve.

Por eso, mi intención con este libro, conciso y práctico, es poner remedio a esto de una vez por todas.

Aquí veremos todo lo que necesita saber sobre el precio y aprenderá lo que el 99% de sus competidores desconoce sobre el tema. Y lo veremos con datos reales y casos de estudio. Además, usaremos un método **sencillo, práctico y probado** en el mundo real para poner precios que vendan y nos proporcionen beneficios.

Para ayudarnos, con este libro se incluye también **una herramienta profesional de precios en formato Microsoft Excel que podrá descargar** cuando lleguemos al momento de necesitarla.

Y como introducción ya está bien.

Nunca he entendido a esos libros que dan vueltas e hinchan el número de páginas. Como emprendedores, no tenemos tiempo que perder y por eso se ha quitado cualquier rastro de relleno en estas páginas. Así que veamos cómo funcionan de verdad los precios (comprobará que es fascinante) y cómo poner los nuestros.

Ah, y si encuentra interesante el libro, **cada semana envío un boletín gratuito para emprendedores** con los temas más interesantes que todos deben conocer. **Puede apuntarse sin compromiso en https://emprender.email**

2

La asombrosa realidad del precio

En 1985, Kip Forbes, hijo de uno de los mayores millonarios del momento, compró en una subasta una botella de *Chateau Lafitte* por 105.000 libras. Era una de las pocas que quedaban del considerado uno de los mejores vinos de la historia.

Piénselo bien, 105.000 libras de los años ochenta fue el precio de **una sola botella** de vino. **Y alguien lo pagó**. Pero no solo fue el arrebato de locura de una persona, otras se quedaron cerca de dicho precio en la puja.

Y luego **resultó que la botella era falsa**.

Algo que se supo porque otra persona se pasó 20 años y **se gastó un millón de dólares en exagentes del FBI** para que verificaran si era cierta la historia de que esa botella pertenecía a Thomas Jefferson, y se había encontrado por casualidad al derribar la pared de un edificio.

¿Qué hace que alguien pague esos precios desorbitados? Y sobre todo, ¿cómo es posible que ocurran cosas así?

Parecen ir en contra de lo que la mayoría conocemos sobre el tema del precio que está dispuesto a pagar alguien por algo.

En realidad, no van en contra de nada. Lo que ocurre es

que la mayoría desconoce realmente los mecanismos de funcionamiento del precio. Aunque sería más correcto decir que no conocen los mecanismos de funcionamiento de la naturaleza humana, que está dispuesta a pagar esos increíbles precios bajo ciertas circunstancias, pero luego, esa misma persona se piensa el hecho de desembolsar tres euros en otro producto.

El misterio de los buenos vinos

Científicos de *Caltech*, la prestigiosa universidad de California, prepararon una cata con diferentes vinos que tenían su precio marcado a la vista.

No resultó una sorpresa que los participantes eligieran el vino más caro como el que más les gustaba, pero no solo lo dijeron. Los escáneres cerebrales que se realizaban durante dicha cata mostraban **una activación mayor en los centros de placer con esos vinos más caros**.

Lo que sí fue una sorpresa es que, en realidad, **eran todos el mismo vino**.

Sin embargo, ver el precio no solo les condicionó subjetivamente a calificar los vinos más caros como los mejores, sino que, objetivamente también disfrutaron más de ellos, incluso cuando resultaba que todos eran el mismo.

Esta es una muestra de cómo el tema del precio es un camino de varias direcciones con multitud de atajos, desvíos, enredos y fascinantes zonas inexploradas.

Cuando me senté en mi primera clase de Economía durante la universidad, me dibujaron una línea de demanda. En uno de los ejes de la gráfica estaba el precio, en el otro, la cantidad demandada.

La conclusión básica era que, a menor precio, mayor demanda

del producto, algo lógico.

Y algo erróneo.

El tema del precio no es tan sencillo como esa recta, ya lo hemos podido ver en los dos ejemplos anteriores. Sin embargo, la mayoría de materiales sobre precios apenas rozan la superficie. Aquí vamos a ir al fondo.

Comenzaremos por conceptos fundamentales a tener claros, porque los cimientos de nuestro precio deben ser sólidos. Luego nos adentraremos por terrenos avanzados y, finalmente, usaremos todo ese conocimiento para poner nuestros precios paso a paso mediante un procedimiento sencillo y que funcione.

Empecemos por lo más básico sobre el precio, veremos que muchas veces lo estamos tomando por el lado que no es.

3

Qué es realmente el precio

El precio es lo que un cliente paga en dinero a cambio de adquirir un producto o servicio. Pero en realidad es mucho más que esa definición de diccionario.

1. El precio es un importantísimo elemento de percepción de valor para el cliente

Antes de adquirir algo, **un cliente intenta deducir cómo de valioso es ese producto o servicio**. Para ello, utiliza varios razonamientos y, de manera inevitable, uno de ellos es el precio.

Esto ocurre especialmente cuando no se tiene un conocimiento amplio del producto.

Volvamos al ejemplo del vino. Reconozco mi ignorancia sobre el tema, así que, cuando preciso una botella para alguna ocasión, voy a una bodega cercana y empiezo a mirar opciones. Desconozco la calidad y el sabor de la enorme cantidad de vinos que se abre ante mí así que, inevitablemente, **miro los precios que tienen y deduzco a partir de ellos**.

Cuando es una ocasión especial, me inclino por los más caros y, cuando es más informal, no tanto. El bodeguero podría, al día siguiente, poner al revés los precios, que yo seguiré pensando que me he llevado el vino bueno cuando me llevo el vino caro.

Me consuela el hecho de que, mientras consiga condicionar a mis invitados, dejando caer *por casualidad* que el vino no es precisamente barato, a ellos también les sabrá mejor aunque me haya equivocado. Recordemos el experimento de Caltech.

Lo mismo ocurre cuando necesito un ordenador. Veo ante mí una infinidad de aparatos e, inevitablemente, como no soy un experto informático al tanto de las novedades, pienso que **los más caros deben ser mejores**.

A la hora de valorar un producto, el precio es fundamental, porque es inevitable pensar que, si algunos son más caros, «por algo será».

Es decir, que **el precio es un poderoso señalizador del valor para el cliente**.

La principal implicación práctica de este primer punto es que, **si queremos posicionar nuestro producto como valioso y de calidad, esto suele ser incompatible con un precio demasiado bajo**.

Precio y percepción de valor siempre van unidos, esto es lo primero que quiero que se nos quede bien grabado.

Más adelante ya veremos ejemplos reales de estrategias de precios altos que conectan con esto y también veremos estrategias para poder reducir el precio sin reducir el valor percibido del producto, pero de momento, esta es la primera enseñanza fundamental en este libro.

2. El precio es un «golpe» para el cliente, aunque no solo eso

Ya hemos visto que, cuando un cliente está decidiendo una compra, está intentando inferir todo el rato cuánto valor va a recibir con ella. Somos egoístas y el precio es un *golpe* que nos *resta* placer, porque el precio es lo que yo tengo que dar primero para que tú me des valor.

Valor neto = Valor que obtengo con el producto – Precio que tengo que pagar por él

Si yo veo una consola por 200 euros y luego veo la misma consola por 100 euros, al comprar la segunda obtengo más valor *neto*, porque obtendré el mismo placer que con la otra, pero habré tenido que restar menos de mi dinero, con lo que el valor total para mí es mayor.

También hablamos de que es un *golpe* psicológico porque, cuando un vendedor está intentando transmitir el valor del producto (por ejemplo, a través de una excelente demostración y un buen discurso de venta), cuando sale el tema del precio supone un verdadero *golpe* que puede echar por tierra el negocio.

Por eso, veremos también estrategias para suavizar este *golpe*, porque no es solo una cuestión matemática como me explicaron en primero de economía, sino sobre todo **psicológica, que es la parte que casi todo el mundo ignora**.

Esta psicología llega hasta el punto de que veremos cómo un mismo precio de un mismo producto, **presentado de distintas maneras**, puede otorgar cifras de ventas muy diferentes.

3. El precio es una herramienta de marketing

De hecho, en economía también te explican las 4 P's que componen el marketing y una de ellas es el precio.

Además, no es solo una herramienta de marketing, es que es una de las más poderosas, ya que **consigue alterar el valor percibido** del producto (recordemos los vinos y los ordenadores).

Por eso, también veremos estrategias que nos permitirán usar el precio con mucha más efectividad en nuestras promociones y marketing.

4

La trampa mortal de la pequeña empresa

Lo siguiente a entender sobre el precio es lo que suelo llamar: «La trampa mortal de la pequeña empresa». En realidad, es una trampa para cualquier empresa sin importar su tamaño, pero suele afectar más a los pequeños emprendedores y autónomos.

Una empresa cae en la «trampa mortal» cuando **no consigue diferenciar su oferta del resto**.

Porque si no consigue destacar por algo especial, si no está ahí para aportar algo diferente, entonces a esa empresa solo le queda una salida para tratar de vender: **competir en precios**.

Si yo veo dos cajas de manzanas iguales, ¿cuáles escogeré?

Si son idénticas de verdad, las que tengan un precio más reducido.

Nadie en su sano juicio hará otra cosa. **Por eso, el objetivo es que nuestras manzanas sean diferentes** (y mejores), porque si no, el único criterio por el que nos elegirán en vez de a otros competidores será el de tener un precio más bajo.

Y cuando digo que la trampa es *mortal*, no es una exageración. Empezar a bajar precios para poder competir es el camino más rápido para cerrar el negocio.

Por eso, **lo primero que tenemos que hacer para aplicar una estrategia de precios rentable es que nuestra oferta sea superior a las demás**.

Lo que hay en este libro nos será realmente útil **solo cuando tengamos esto en orden**.

Si no es el caso, entonces centrémonos primero en diferenciarnos. De hecho, incluso le diría que dejara este libro de momento y **se dedicara a hacer su oferta realmente irresistible**. Tanto, que nuestro producto sea capaz de barrer el suelo con las ofertas de la competencia.

Y una vez tengamos algo así, entonces ya podremos dedicarnos a la promoción o a aplicar estrategias psicológicas de precio.

He podido comprobar dos cosas importantes estos años:

· Que ni el mejor marketing puede arreglar una oferta mediocre.
· Que creemos entender el valor de diferenciarnos, pero en realidad no (no hay más que mirar alrededor y ver lo que hace la mayoría). Así que me temo que voy a insistir demasiado en este punto de la diferenciación a lo largo del libro, pero es adrede.

5

El verdadero lugar del precio en una compra

Cuando comencé como emprendedor, tenía tantas ideas equivocadas en la cabeza, que todo era un horrible camino de ensayo y error. Pasaba más tiempo levantándome y sacudiendo el polvo de mi última caída, que caminando.

Es por eso que, a fin de aprender lo importante sobre el precio, lo primero que hay que hacer es *desaprender* todas esas **nociones erróneas que nos han inculcado** y nos hacen tropezar todo el rato.

Una de ellas es el verdadero lugar que ocupa el precio en una venta.

Quizá le sorprenda saber que, sistemáticamente y en los diferentes estudios al respecto, **el precio no es el primer criterio de elección de un cliente**. De hecho, en muchas ocasiones ni siquiera figura entre los más importantes.

El criterio principal de una compra **es el valor**.

Siempre compramos lo que creemos que va a proporcionarnos más valor respecto a lo que pagamos.

Mientras tanto, el precio figura como un elemento a tener en cuenta, pero **muy pocas veces es el más importante**.

Hay estudios que muestran que, para algunos productos, es más importante cómo les haya tratado el vendedor que el precio en sí (como en la venta de un coche, según un estudio inglés). Mientras, en otros es la calidad del servicio la que se valora por encima del precio ofrecido, como es el caso de estudios con compañías de gas u otros suministros parecidos.

Lo que me gustaría que se nos quedara grabado de momento es que **el precio no es el rey de la venta**.

Sin embargo, parece que lo tenemos grabado a fuego, ya que nuestro primer reflejo cuando las cosas no van bien es bajar el precio (empeorando la situación). O bien, a la hora de establecerlo, nos subestimamos y creemos que, como no pongamos un precio de risa, nunca vamos a vender nada.

Este es **un complejo de inferioridad muy arraigado**, especialmente si somos pequeños emprendedores. Por eso, será una noción que trataremos de desterrar constantemente en estas páginas, de manera que el precio ocupe el lugar que le corresponde.

6

Cuándo se decide un cliente por los precios bajos

Cuando han llegado hasta mí emprendedores que no vendían su producto, muchas veces la queja es que alguien ha aparecido compitiendo con precios más bajos y no hay manera de enfrentarse a eso.

No obstante, la experiencia me ha mostrado que esto no es tan sencillo, porque **la gente no compra siempre cuando el precio es más bajo**.

De hecho, es obvio que nosotros tampoco.

- ¿Siempre va usted a comer al sitio más barato?
- ¿Compra siempre el coche más barato?
- ¿O la ropa más barata?

Estoy seguro de que no. La realidad es que, excepto en contadas ocasiones, casi nunca nos decidimos solamente por ese criterio.

Pues bien, como emprendedores que somos, deberíamos tener esto muy en cuenta antes de recurrir rápidamente a bajar precios como única táctica de negociación o marketing.

Sin embargo, hay ocasiones en las que los clientes sí se deciden sistemáticamente por los productos con precios más bajos.

En mi experiencia, son estas.

1. La situación económica que tienen es muy precaria

Cuando alguien no tiene ni para comer, va a estar buscando siempre el precio más económico y mirando a fondo cada céntimo que paga.

Sin embargo, ciñéndonos a un contexto de emprendedores y negocios, esta situación no debería ser la más común.

Primero, porque como negocio **nunca deberíamos meternos a vender en un mercado cuyos clientes tienen una situación económica precaria**.

Puede que, por culpa de eventos externos o inesperados, esto suceda y nuestros clientes se empobrezcan. Pero en general, es muy mala idea centrarse en clientes que *a priori* no tienen ingresos demasiado elevados o van justos de dinero.

Lo ideal, obviamente, es lo contrario: **Apuntar a clientes con mayor poder adquisitivo**, que son mucho menos sensibles al precio.

De hecho, estos prefieren productos de precio elevado, debido a que los perciben como de mayor calidad.

La mayoría de los que lean esto se moverán en un ámbito que está entre esos dos extremos.

Desde el punto de vista de los negocios, y aplicado a la práctica, esto significa que **debemos aspirar a movernos hacia el extremo del público objetivo más adinerado** dentro de nuestro mercado.

Pero sobre todo, vamos a querer **evitar centrarnos en aquellos que tienen poco presupuesto** para gastar o buscan el «todo gratis», porque irremediablemente vamos a tener que competir en precios bajos.

Y recordemos que eso es meternos en una trampa.

2. El producto apenas le interesa al cliente o le aporta poco valor

Esta es una situación en la que se encuentran productos muy básicos o de uso muy esporádico, que al cliente apenas le importan.

Si a mí me da igual la decoración de mi habitación, y solo necesito un despertador que me avise por la mañana al levantarme, voy a escoger entre los más económicos que encuentre, porque ni me gusta, ni me importa, ni quiero un despertador mejor con 1.000 opciones, ya que no pienso usarlas.

Sin embargo, no son estas dos las situaciones más comunes por las que un cliente se decide solamente guiado por el precio.

3. El cliente no consigue distinguir los productos entre los que puede elegir

Volvemos al *quid* de la cuestión. Un cliente se decide por precio si que todas las ofertas a su disposición le parecen más o menos la misma, con lo cual elegirá, lógicamente, la más barata.

Un ejemplo rápido. Imagine que necesita un asesor fiscal y, ¿qué ve cuando busca en Internet? Un montón de resultados de búsqueda que le resultan iguales. Hasta las webs parecen realizadas con la misma plantilla.

En ese primer momento no distingue a nadie, con lo que si llama a cuatro o cinco, que además dicen algo similar como: «Calidad al mejor precio» o cualquier otra frase gastada y sin significado real, elegirá probablemente al que le ofrezca el servicio más barato.

De hecho, ¿a quién suele elegir? Seguramente a los primeros que ha encontrado o al primero que le haya respondido, ya que la mayoría usa la única estrategia de precios que sabe, poner más o menos el mismo que el resto.

Así que, cuando muchos emprendedores se quejan amargamente de que solo pueden competir en precios, y que su margen de beneficios es cada vez más bajo, en realidad están solo rascando la superficie del problema.

La verdadera cuestión es que no nos distinguen, no somos percibidos como una opción superior, sino como otra gota en el mar.

El antídoto es el mismo de siempre y en el que se resume todo lo que hace falta saber sobre estrategia empresarial:

Hemos de ser diferentes a los demás en algo que de verdad le importe al cliente.

7

Cómo poner su precio en el mundo real

Ahora que hemos *desaprendido* nociones erróneas sobre el precio, su papel en la venta y cómo funciona, hemos hecho espacio en nuestra cabeza para empezar a meter en ella lo correcto.

Así que sentemos las bases de cómo poner nuestros precios.

Para eso, vamos a aprender a caminar antes de correr.

Los métodos tradicionales de determinación de precios en el ámbito de una empresa, como los llamados estudios conjuntos, optimización del precio económico, etc, son herramientas impecablemente académicas. Pero la verdad es que también **resultan difíciles de usar en la práctica por la mayoría de negocios**.

Por eso, la aproximación de este material va a ser diferente y mucho más pragmática. Iremos paso a paso con lo que mejor me ha funcionado y lo que vamos a hacer es lo siguiente.

En este capítulo voy a comentar por encima los pasos del procedimiento para poner nuestro precio, a fin de dar una idea general del sencillo método propuesto. Estos pasos se comentarán a fondo hacia el final del libro, y nos ayudaremos para los cálculos necesarios de la herramienta en Excel descargable que veremos entonces.

De esta manera, **las matemáticas no serán un problema**, aunque le pase como a mí y no sea el mejor en ellas. La aplicación hará el trabajo pesado y allí ya se tienen en cuenta elementos de cálculo importantes como márgenes, posibles comisiones a vendedores y distribuidores, etc.

Pero antes de que empecemos a hacer esos números, voy mostrar las distintas estrategias y técnicas de precio que he visto más efectivas en estos 20 años. Comenzaré por lo fundamental que todo el mundo debe saber y nos iremos metiendo en temas cada vez más avanzados y fascinantes.

Con ello, mi objetivo es que, cuando trabajemos nuestro precio, tengamos un arsenal de posibilidades que funcionen y que, **podremos aplicar durante esos cálculos y análisis de precio que haremos**.

No se preocupe, porque toda esa *sabiduría* sobre los precios no se compone de teoría engorrosa. El precio, en realidad, **es sobre todo psicológico e incluso irracional**, como demostraremos.

Y otra cosa fundamental:

Como habrá imaginado, y al igual que pasa con todo lo importante en la vida, **no hay una estrategia mágica de precios que sea la óptima para todos** los casos.

Pero lo que sí puedo hacer es dotarle de piezas con las que construir dicha estrategia perfecta que se adapte a su situación.

Así pues, para poner nuestros precios, vamos a seguir estos pasos.

Paso 1. Determinar un precio que no nos lleve a la ruina económica, sino a nuestro objetivo de beneficios

Este es el primer paso fundamental cuando hablo de caminar y no correr. Antes de empezar con estrategias avanzadas, hay que tener bien claro un primer análisis económico de nuestra actividad, nuestros costes y nuestros objetivos de beneficio.

La meta es que el precio debe, como mínimo:

- **Cubrir nuestros costes**, en vez de arruinarnos porque ni siquiera compensamos gastos.
- Alcanzar nuestros **objetivos de beneficios**, que muchos emprendedores ni siquiera tienen claros.
- Necesitar un **número de ventas factible** para conseguir esos beneficios a ese precio.

Esto, que parece obvio, no lo es tanto.

Muchos emprendedores, simplemente, ponen precios a ciegas sin saber realmente qué margen de beneficio obtienen, en qué costes incurren, cuántas ventas deben alcanzar para conseguir el llamado «punto de equilibrio» (el momento en el que los ingresos cubren todos los costes) o cuántas ventas necesitan para alcanzar los beneficios que realmente desean.

Luego, cuando ya es tarde, se dan cuenta de que, al precio que han puesto de cualquier manera, necesitan vende 1.000 unidades al mes y comprenden que no era rentable porque es imposible vender tanto en su caso.

Por eso, los cimientos del edificio del precio siempre empiezan con un **análisis económico de costes y márgenes de beneficio**.

El objetivo es poner un precio basado en nuestra estructura

personal de costes que permita cubrirlos y, a partir de ahí, conseguir además un margen de beneficio suficiente.

Una vez con ese precio inicial basado en costes, ya podremos afinar usando estrategias psicológicas o avanzadas.

La hoja de cálculo nos ayudará a definir **un primer precio de aproximación rentable** con el que trabajar los siguientes pasos.

Paso 2. Determinar el posicionamiento del producto y si es consistente con los objetivos del Paso 1

Recordemos que **el precio es una señal de valor de nuestro producto y lo posiciona en la mente del cliente**, que lo clasifica como caro, barato, de calidad, etc.

Por eso, en este paso 2 veremos si el posicionamiento que deseamos encaja con el primer precio de aproximación del paso 1, en el que sobre todo hemos tenido en cuenta los costes económicos.

Dependiendo del posicionamiento que queramos tener, podemos alterar el precio en un sentido u otro. Gracias a la hoja de cálculo, veremos cómo cambian beneficios y márgenes cuando alteremos ese precio para que sea coherente con el posicionamiento que deseamos tener.

Paso 3. Escoger posibles estrategias de precio a aplicar

De entre todas las que vamos a conocer en estas páginas, es muy posible que queramos emplear una o varias a la hora de presentar nuestros precios al cliente.

Desde estrategias de precios psicológicos, hasta precios de penetración temporales, veremos que hay muchas opciones para influenciar la venta a nuestro favor.

Esto, seguramente, nos obligará a retocar de nuevo nuestro modelo económico inicial, analizando de nuevo qué sucede en la hoja de cálculo cuando cambiamos precios y viendo qué resultados podemos obtener con ellos.

Poner un precio adecuado es un proceso de iteración, es decir, de ir repitiendo, calculando y aproximándonos hasta encontrar un resultado satisfactorio.

Paso 4. Establecer un primer precio definitivo

O unos primeros precios, si es que vamos a usar varios desde el principio, como por ejemplo un precio inicial de penetración, y luego un precio regular.

Paso 5. Establecer la primera prueba de precio

Como veremos, la estrategia definitiva para encontrar el precio adecuado para nuestro caso **pasa por probar varios** y ver qué efecto real tiene cada uno en las ventas.

Incluso sabiendo todo lo que hay en estas páginas, en realidad no tenemos ni idea de cómo va a funcionar el precio en nuestro caso hasta que lo expongamos ante clientes reales.

Por eso, tendremos esta mentalidad de prueba. Recogeremos datos reales de cómo están reaccionando los clientes e iremos variando el precio según sea el *feedback* que obtenemos.

A vista de pájaro, estos son los 5 pasos básicos del método que mejor me ha funcionado para encontrar el precio «perfecto».

Así que, ahora que conocemos el procedimiento por encima, dejémoslo en barbecho. Lo trabajaremos más adelante en la práctica.

Cuando lo hagamos, quiero que lleguemos con un conocimiento amplio de las distintas estrategias y opciones de precio que tenemos a nuestra disposición. Quiero que, cuando lo retomemos, seamos unos verdaderos expertos en el tema del precio y trabajemos los números con ese conocimiento integrado en nuestro cerebro.

Como comprobará, aprenderemos cosas realmente fascinantes, que harán que no miremos nunca más los precios de la misma manera que hasta ahora.

8

Cómo usar las estrategias de precio que vamos a ver

Cuando trabajaba como consultor y realizaba planes de negocio y marketing, siempre trataba de insistir en algo cuando se hablaba de estrategias, porque no se solían entender muy bien.

Las estrategias **siempre dependen de los objetivos**.

Sin tener primero claros nuestros objetivos, las estrategias no tienen sentido en sí mismas, porque **las estrategias son caminos para llegar al objetivo que nos hemos propuesto**.

Pero si no sabemos adónde queremos ir, es imposible que los caminos nos sirvan de algo. Si cogemos uno andaremos, pero estaremos vagabundeando sin rumbo si no conocemos nuestro destino. A veces, y por casualidad, llegaremos a un buen lugar, pero en la mayoría de ocasiones acabaremos perdidos y tendremos que volver a la casilla inicial.

Por ejemplo. Si yo tengo el objetivo de incrementar un 20% mis ingresos durante el próximo mes, ese es el lugar al que quiero llegar.

Y para conseguirlo tengo múltiples caminos, que son las estrategias que utilizaré. Habrá unos senderos más costosos y largos, otros más directos, otros más arriesgados y otros que no sé muy bien dónde me van a llevar porque me resultan desconocidos...

Ciñéndome al tema de los precios, tengo múltiples estrategias (caminos) a elegir para incrementar ese 20%:

- Podría recurrir a lo más sencillo, que es **bajar el precio**, esperando que el aumento de ventas que produzca consiga aumentar mis ingresos en ese 20%.
- Podría optar por la estrategia contraria y subirlos, de manera que, aunque tenga menos ventas, pueda obtener más ingresos globales al aumentar el beneficio obtenido en cada venta.
- Otra opción podría ser una estrategia de precios agrupando productos (esta la veremos más adelante, no se preocupe).

Estas son solo 3 de las muchas opciones a mi disposición.

Como vemos hay un objetivo final: «Un 20% más de ventas». Para llegar a él, hay multitud de caminos y estos caminos son las estrategias.

Así, mientras que para el 99% de emprendedores la única estrategia de precio disponible va a ser «bajarlo», nosotros vamos a tener otras opciones. Empecemos por las más sencillas.

9

Las estrategias básicas de precio

Mi intención no es ser exhaustivo, hay docenas de estrategias, pero me voy a centrar en las que son realmente útiles y aplicables.

Empezaremos por la estrategia más básica.

1. La estrategia del coste más un margen

Esta es la estrategia de precios más básica y directa.

Se basa en calcular el coste del producto o servicio y después añadir un margen de beneficio suficiente a ese coste para determinar el precio.

Como punto de partida **esta condición es indispensable**, ya que no querremos poner precios a ciegas que pongan en peligro nuestra rentabilidad.

Sin embargo, como estrategia por sí sola es limitada.

Aplicarla es sencilla:

- Si tenemos un producto, **calculamos lo que nos cuesta fabricarlo o comprarlo al proveedor**.

- Después, calculamos **cuánto queremos ganar en la venta** y ponemos ese margen que añadimos al coste. Si el producto me cuesta 10 euros y quiero ganar 10 euros más en cada venta, pongo un precio de 20 euros. Esto es un poco burdo, pero para que se nos quede la esencia.
- Si por el contrario realizo un servicio, calculo a cuánto quiero cobrar mi hora de trabajo y aplico ese precio por hora. O calculo las horas que creo que me llevará realizar un proyecto, y multiplico las horas por ese precio para calcular el precio final que le diré al cliente.

Cuando decimos que es una estrategia limitada, es por una buena razón, ya que **solo nos tiene en cuenta a nosotros y nuestra situación**.

Sin embargo, no tiene muy en cuenta al cliente, ni las implicaciones psicológicas del precio, ni el valor que se recibe, ni la competencia, ni el posicionamiento que queremos...

Es decir, que se deja muchas cosas fuera de la ecuación al tener en cuenta solo nuestra situación y nuestros costes. Es similar al jugador de ajedrez que juega solamente pensando en él, pero está ciego a lo que pasa en el tablero y lo que hace su oponente.

Sin embargo, es cierto que lo primero que queremos con el precio es no perder dinero (excepto si aplicamos ciertas estrategias avanzadas que veremos más adelante). Por eso, el punto de partida es poner este precio basado en nuestros costes.

Cuándo es efectiva esta estrategia

Siempre, debe ser el cimiento de nuestra casa y el punto de partida. Por eso **es el paso 1 del método explicado en este libro**. No podemos poner un precio que nos arruine porque no hayamos considerado bien los costes.

Hecho esto, apenas acabamos de empezar y no debemos quedarnos ahí.

2. La estrategia de precios de penetración

Siguiendo con lo básico, he aquí la otra estrategia que quizá conozca junto con la anterior, **poner un precio bajo al principio a fin de ganar cuota de mercado**.

A eso se le suele llamar un «precio de penetración».

Sobre todo se usa cuando estamos entrando en un nicho nuevo y necesitamos abrirnos hueco, de manera que nuestro atractivo principal es ofrecer precios más reducidos que la competencia.

Dichos precios bajos pueden ser puntuales hasta que consigamos una masa de clientes (es decir, los usamos durante un periodo de tiempo inicial y limitado en el que entramos al mercado) o bien podemos mantenerlos así de bajos siempre.

Esto último es algo que **solo debemos hacer cuando tengamos una ventaja fundamental en costes** con respecto a los demás competidores.

Esa es la única situación donde mantener precios bajos es la estrategia a seguir, pero si no tenemos esa ventaja en costes, **y el 99% de emprendedores no la tiene**, el precio bajo debería ser solamente una estrategia temporal.

Los precios de penetración también se usan para captar clientes de la competencia. Habrá visto en acción esta estrategia en compañías telefónicas que ofrecen condiciones de precio ventajosas a clientes nuevos durante los primeros meses.

Cuándo es efectiva esta estrategia

1. **La demanda del producto es muy elástica**. Esto quiere decir, en economía, que los clientes son muy sensibles al precio, y responden mucho ante variaciones del mismo.
2. **Tenemos esa ventaja fundamental de costes** de la que hemos hablado. Algo muy poco habitual, pero que no es imposible en algunos casos.
3. **El mercado es lo bastante amplio**. Es decir, hay suficiente demanda que compense el precio bajo con muchas compras que, sumadas, den suficiente beneficio global.

Si alguna de esas 3 condiciones no se da, deberíamos pensarnos muchísimo los precios bajos de penetración, porque su efectividad va a ser muy limitada.

3. La estrategia de precios premium o elevados

Es la estrategia contraria a la anterior. Lo que hacemos es competir con un precio más elevado, **intentando apuntar al porcentaje de clientes que cuenta con mayor poder** adquisitivo.

El objetivo económico aquí es poner la rentabilidad por encima del número de ventas brutas, de manera que necesitamos que nos compren menos unidades para alcanzar nuestro beneficio deseado.

Esta estrategia se utiliza de 2 maneras.

La primera es hacerlo de modo similar a los precios de penetración. Es decir, **ponemos el precio *premium* al principio de la vida del producto**, para luego rebajar ese precio tras un tiempo.

Samsung es famosa por esta estrategia a la hora de sacar sus teléfonos de alta gama. Al principio, salen a un precio elevado que, en cuatro o cinco meses, se puede haber depreciado un 30% o incluso un 40%.

Sin embargo, con ese precio inicial, capta a los que se denominan *early adopters*, los fans más ansiosos que encuentran valor en tener el producto antes que el resto. Estos están pendientes de su salida y están dispuestos a pagar más por tenerlo ya.

Unos meses después, el producto se deprecia y empieza a ser atractivo para otro segmento del mercado. Como en realidad no estás vendiendo un teléfono, sino un símbolo de *status*, ya tienes preparada la siguiente versión del producto para esos *early adopters* dispuestos a pagar más.

El segundo modo de usar esta estrategia básica es **utilizar siempre un precio *premium***.

Esto es lo que hace Apple, que tiene una férrea política de no hacer descuentos y no comercializar productos que sean *baratos*.

El objetivo es **posicionarnos como una opción de calidad extrema que apunta al estrato más enriquecido** de nuestro mercado.

No es fácil que un pequeño emprendedor, especialmente cuando es desconocido, pueda aplicar con éxito la estrategia de productos *premium*, pero tampoco es imposible, ni mucho menos.

Cuándo es efectiva esta estrategia

1. **Hemos generado un grupo de fans fieles** que están deseando tener nuestro siguiente producto, porque entienden su valor. Esto se da, principalmente, porque recibieron de nosotros ese valor espectacular en compras anteriores.
2. **Hemos realizado una campaña de marketing excepcional durante el lanzamiento** y la gente está esperando nuestro

producto con avidez.

3. **Somos el mejor y no hay color con respecto a los demás competidores**. Es decir, los demás son médicos normales y nosotros somos el «doctor House» de nuestro sector, o el Apple de nuestro sector.

4. **Nuestro público es rico e insensible al precio**. O incluso considera que los productos son de escaso valor si son baratos y se niega a considerar esas opciones siquiera, aunque sean de calidad.

Un ejemplo de esta estrategia es el *whisky* Chivas y su historia, la cual siempre te cuentan cuando eres consultor de negocio.

Chivas contrató a un equipo de asesores para ver qué podía hacer, ya que sus ventas se estancaron enormemente.

Tras analizar la situación, los consultores llegaron a dos conclusiones.

1. **Cambiar la botella**.
2. **Subir el precio** astronómicamente.

Así, no solo consiguieron sus objetivos de rentabilidad, sino que aumentaron las ventas y Chivas se posicionó como una de las mejores marcas del mercado.

El *whisky*, sin embargo, era exactamente el mismo que cuando era barato.

Robert Cialdini, en su libro *Influence* (probablemente el más importante para cualquier emprendedor) comenta el caso similar de una joyería que intentaba dar salida como fuera a unas piezas que nunca se vendían, de manera que optaron por la solución habitual: bajar el precio. Sin embargo, por una de esas casualidades de la vida, el encargado de hacerlo se equivocó al escribirlo, puse algún cero de más y el precio en el escaparate era desorbitado.

Las piezas volaron, compradas enseguida por esa percepción de que, con ese precio tan *premium*, sin duda debían ser muy valiosas.

4. La estrategia de precios freemium

Este modelo de poner precios viene de la unión de dos palabras *Free* (gratis) y *Premium*. Se basa en ofrecer un producto o servicio básico gratuito a fin de captar el mayor número posible de interesados. Pero si el cliente quiere más prestaciones, o más avanzadas, entonces tiene que pagar.

Esta estrategia se utiliza principalmente en productos tales como software (especialmente vídeojuegos en los que está muy de moda ofrecerlo gratis y tener microtransacciones que te dan ventajas), venta de información y contenido, servicios de carácter electrónico o intangible (como alojamiento o aplicaciones web), etc.

Se basa en que, al bajar la barrera de entrada inicial (ya que lo básico es gratis) el usuario puede **experimentar sin riesgo el producto que ofrecemos, valorarlo y estar dispuesto a pagar si encuentra adecuado dicho valor**.

Para que funcione, el límite entre lo gratis y lo *premium* se pone en un punto donde el usuario ha experimentado parte del valor, **pero no ha saciado del todo su sed**.

Es decir, que se le ofrece agua, pero no se le da todo el vaso, porque en ese caso se satisface completamente. Si es así, no tendrá mucho incentivo lógico a pagar para obtener más.

Esta estrategia es análoga al precio de penetración (estamos poniendo un precio cero para una parte del producto o servicio).

Por eso, se usa para:

1. **Ganar cuota de mercado** cuando eres desconocido.
2. Competir cuando haya una tendencia en el mercado a lo que se llama la *estandarización*.

La *estandarización* significa que en un mercado hay una tendencia a que, tras un cierto tiempo, la mayor parte de dicho mercado acabe usando uno solo de los productos o servicios presentes, por comodidad y conveniencia.

Por ejemplo, en el mercado de las redes sociales se ha tendido a la estandarización con Facebook, Instagram y Twitter, que se han hecho tres referentes básicos a utilizar por conveniencia, ya que todo el mundo tiene cuenta en alguna de esas redes.

Lo mismo ocurre con los sistemas operativos, donde una mayoría tiene Windows.

Realmente, que podamos utilizar una estrategia *freemium* o no está muy determinado por el tipo de producto o servicio que ofrecemos.

Cuándo es efectiva esta estrategia

1. **Tenemos un producto cuya naturaleza y costes son aptos para aplicarla**. Normalmente se usa en tecnologías con características intangibles, como información, alojamiento web, un videojuego, otra clase de software... La cuestión es que ya hemos invertido en el desarrollo completo del producto y, si podemos restringir el acceso al producto completo a un segmento de clientes, y nuestros costes lo permiten, el modelo *freemium* puede ser viable.
2. **Existe esa tendencia a la estandarización** en el mercado

que ya hemos explicado.

3. **Necesitamos llamar la atención con nuestro marketing**, pero no tenemos un gran presupuesto para promoción. Muchas empresas consideran (acertadamente) que la parte gratuita que ofrecen es una inversión de marketing.

4. **El mercado es adecuado**. Es decir, existe ese segmento de mayor poder económico que está dispuesto a pagar porque necesita las prestaciones adicionales.

Cuando nuestro producto o nuestro mercado no reúnen las condiciones adecuadas, la estrategia *freemium* nos sigue sonando bien, pero se puede fácilmente en un horrible pantano similar al de precios bajos.

5. La estrategia de discriminación de precios

Esta estrategia básica se basa en **ofrecer distintos precios a distintos segmentos de cliente** para un mismo producto.

Por ejemplo, la línea aérea que vende el billete mucho más barato a los que reservan antes que a los que lo hacen a última hora. O el cine, con segmentos de precio diferentes para estudiantes, jubilados, etc.

También la usan los hoteles, que ofrecen habitaciones más baratas a aquellos que las alquilan fuera de temporada turística que a los que van en pleno agosto.

El producto que obtienes es el mismo, el precio es diferente.

Cuándo es efectiva esta estrategia

1. **Los costes fijos de un producto son grandes y más importantes que los costes variables**. Esta es la clave para ver si nuestra estrategia puede pasar por aquí. Por ejemplo, mantener un hotel es costoso, te vas a gastar casi lo mismo esté lleno que vacío, porque los costes fijos que tiene son muy importantes. Lo mismo ocurre con un avión, que va a gastar casi el mismo combustible y los mismos pilotos y personal yendo lleno que vacío. O el cine, al que le va a costar prácticamente lo mismo proyectar la película con una persona en la sala que con cien, con lo que **conviene aceptar ventas a menor margen para cubrir esos costes fijos elevados**. Si esa es nuestra situación, deberíamos pensar en esta estrategia.

2. **Existen diversos segmentos con diverso poder económico**, y dispuestos a pagar distintos precios. En el caso del cine, por ejemplo, muchos jubilados o jóvenes con menor poder adquisitivo no irían si les resultara más caro.

6. La estrategia de precios basada en el valor

Esta sería, en un mundo ideal, **la estrategia básica a seguir siempre**.

En ella, el cliente paga en relación al valor percibido que tiene del producto, no respecto a lo que cuesta fabricarlo o lo que la competencia dictamina como buen precio.

Un ejemplo extremo es un libro. Si lo que yo aprendo de él me una idea que me proporciona 3000 euros, pagar 200 euros por él sería sensato porque seguiría siendo una de las inversiones más rentables que haré en la vida.

El problema principal de la estrategia, como pasa casi siempre con cualquier escenario ideal, es la dificultad de aplicación en la práctica (el ejemplo anterior del libro apenas lo vemos aunque la lógica sea sólida).

Hay toda una serie de análisis complejos que se intentan realizar para averiguar ese supuesto valor percibido y, por tanto, cuánto está dispuesta a pagar la gente. Para nosotros, que somos pequeños emprendedores en el mundo real, algunos suelen decir que **la manera más práctica es mediante encuestas**, preguntando a dichos clientes cuánto estarían dispuestos a pagar por un producto.

No es ideal, ni siquiera es una buena solución que nos vaya a dar precios indicativos, pero a veces te puedes llevar una sorpresa y, sobre todo, cuesta poco y nos dará una información útil, aunque no suele ser la que desean los que abogan por este método.

Si en la encuesta nos dicen precios muy bajos, **es una señal de que estamos apuntando a los clientes equivocados**. Adaptar los precios a ellos será la ruina y nos están diciendo que debemos apunta a otra clase de clientes.

Al final, el valor de un producto por parte de un cliente depende de lo mucho que lo desee.

Además de encuestas y preguntas directas, la manera de calibrar el valor es mediante la demanda.

Cuando esta es enorme, se puede poner un precio basado en el valor. En el caso de la burbuja inmobiliaria española de mediados de los años 2000, el valor percibido de una casa era enorme (erróneo, pero enorme) y verdaderas ruinas se vendían a precio de oro, totalmente desconectadas del valor real o el coste del producto.

Lo mismo ocurría con las mascarillas o el gel hidroalcohólico cuando comenzó la pandemia de coronavirus de 2020.

Cuándo es efectiva esta estrategia

1. **Hay una relación sólida con el cliente**. De manera que podemos comunicarnos con ellos para recibir información (relativamente) fiable sobre lo que están dispuestos a pagar. Además, si anteriormente han recibido valor de nosotros, estarán dispuestos a pagar precios justos y más elevados. Entre esos clientes, podemos tener incluso un pequeño grupo de *fans*, dispuestos a pagar lo que pidamos.
2. **Existe una demanda con buena salud**. Es decir, el mercado es dinámico y lo que hacemos se demanda (recordemos las mascarillas).

El tema de crear relaciones sólidas con los clientes, dar todo el valor posible y tratar de generar *fans* es fundamental.

Esa es la mejor manera de librarnos de la tiranía de tener que fijarnos en los costes y los competidores para poner nuestro precio.

Lo más importante a comprender para arreglar nuestros problemas de precio

Al hilo del tema del valor, su dificultad de aplicación práctica y la relación con los clientes, quiero hacer un inciso para aclarar la implicación más importante de todo esto y que he dejado caer, pero conviene remachar para que no se nos escape de entre los dedos:

La mayoría de problemas de precio que me he encontrado en emprendedores no eran realmente problemas de precio.

Eran problemas de producto y, sobre todo, eran problemas de mercado.

¿Cuál es la estrategia de precio en el mundo ideal? La que acabamos de ver, la que se basa en el valor que recibe el cliente.

¿Cuándo hemos dicho que funciona mejor?

1. Cuando establecemos relaciones sólidas y creamos *fans*.
2. Cuando la demanda del mercado es muy dinámica.

Lo primero es imposible si no deleitamos a los clientes con nuestro producto y les damos algo superior a la competencia. Nadie va comentando a sus amigos que ha tenido una experiencia «aceptable» con su asesoría o su ordenador. **Solo comentamos lo extraordinario**.

Es decir, que poner precios basados en valor es imposible sin un producto genial. Y el problema de precio de muchos es que, en realidad, no tienen esa oferta superior. Es duro de decir, pero es así.

Lo segundo es imposible de conseguir **si nos hemos equivocado de mercado**.

El peor emprendedor del mundo puede tener un éxito total si elige un nicho lo bastante hambriento.

Un ejemplo es que no tengo que tener la mejor mascarilla respiratoria para haberla vendido a un precio desorbitado a principios del año 2020. Eso nos da una idea de que, en realidad, muchos de los que creen que tienen un problema de precio, tienen el problema de **haber elegido un mal mercado que no está lo bastante hambriento o no tiene suficiente dinero** como para aceptar ese precio, por mucho valor real que le dé.

Por eso, para arreglar la mayoría de «problemas de precio», en realidad hemos de arreglar producto y clientes a los que nos dirigimos.

Hecho este inciso, sigamos con las estrategias fundamentales.

7. La estrategia de pagar lo que se desee

Esto, en realidad, es tan antiguo como el mundo. El artista callejero o las obras de caridad utilizan desde hace mucho esta estrategia de precio.

Pagar lo que se desea, de hecho, es la muestra última de precio basado en el valor, y también supone, *en teoría* aplicar una discriminación perfecta de precios, donde este va siendo distinto para cada persona según su situación y el momento.

El grupo musical *Radiohead*, por ejemplo, sacó un disco en 2007 con este sistema.

Fue más un experimento que otra cosa pero, en ese espíritu de experimentación, es muy posible que usted quiera considerar alguna vez esta estrategia.

En ocasiones, podremos dar incluso la opción de pagar 0 euros. Especialmente cuando se trata de productos de información o software con escasos costes de distribución y que, una vez terminados de fabricar, te cuesta lo mismo servir un producto que servir cien. En la mayoría de casos, sin embargo, se pone un límite mínimo a lo que se desee pagar.

Cuándo es efectiva esta estrategia

Al ser una aplicación práctica de la discriminación de precios y del precio basado en el valor, sería una estrategia apta para las mismas situaciones que hemos comentado en ellas. Sin embargo, hay un problema.

Me voy a agotar de repetirlo y usted de leerlo, pero mejor así porque se nos graba a fuego: el precio es una señalización del valor y al poner «pagar lo que se desee» **estamos señalizando de salida un valor reducido** y tirando de los precios hacia abajo.

Podemos tratar de anclar ese valor poniendo un precio mínimo sugerido (veremos qué es eso de «anclar» más adelante), pero en general lo veo más como experimento que puede salir bien o muy mal. De todas maneras, si lo usamos, podemos anunciarlo como algo por tiempo limitado, recoger los datos y, si vemos que el precio más habitual que nos pagan es igual o mayor que el que deseamos poner, dejar ese precio para siempre.

Todas estas estrategias básicas son un punto de partida, porque por algún lado hay que empezar, pero hemos de tener en cuenta otras implicaciones.

Y es que el precio **no es racional en muchos casos, sino un asunto principalmente psicológico**.

Por eso, conociendo las bases, ha llegado la hora de adentrarnos en el laberinto de los precios, tan fascinante como sorprendente.

Casi todo el mundo desconoce lo que vamos a ver a partir de ahora y eso está bien, porque nos va a dar una ventaja sobre los demás.

10

Estrategias psicológicas de precio

Muchas de las razones de que un precio triunfe no son económicas ni matemáticas, sino psicológicas.

La economía tradicional se basa en que somos sujetos racionales que para decidir contemplamos cuidadosamente costes (precio) y beneficio (valor obtenido).

Pero en cuanto terminas la carrera y te topas con el mundo real, te das cuenta de que no es tan sencillo. Incluso el Nobel de Economía empezó a reconocer esto cuando premió en 2017 a Richard Thaler, famoso por sus contribuciones que prueban que **las personas no somos esos seres racionales a la hora de elegir**.

Las decisiones de compra **son emocionales** y la lógica no tiene nada que ver muchas veces, excepto para justificar *a posteriori* esa decisión emocional con argumentos más o menos razonables.

Además, todas las personas tenemos lo que se llaman sesgos cognitivos. Es decir, **determinadas maneras de funcionar en nuestra cabeza que no nos permiten ver la realidad de manera objetiva y racional**. Especialmente, en ciertas situaciones.

Esto no es necesariamente negatico y, de hecho, es lo que nos hace humanos. Y todos tenemos esos sesgos, nadie se libra.

Ellos hacen que muchas de las cosas que vamos a ver puedan parecer difíciles de creer. Pero todas son ciertas y están basadas en pruebas en el mundo real.

Las principales nociones psicológicas que influyen en el precio son:

1. El precio es siempre relativo y depende de las referencias que tengamos alrededor

Si se tiene que quedar solamente con un efecto psicológico del precio, que sea con este.

Nunca podemos valorar un precio por sí solo.

¿Son 500 euros algo barato o caro? **No lo sabemos por sí mismo**.

Si un ordenador vale 500 euros y todas las ofertas de alrededor son ordenadores más baratos, entonces nos parecerá caro. Pero si vale esos mismos 500 euros, mientras que todo lo que tienes disponible para comprar ronda los 1000, entonces el ordenador es claramente barato.

El precio siempre es relativo con respecto a su contexto, pero para lo que nos interesa, ¿cuál es la aplicación práctica de todo esto?

Que si las referencias comparativas son más bajas, hay más sensibilidad al precio. Mientras que si son más altas, habrá menos sensibilidad.

Vamos a explicar esto bien, porque es importante.

En el ejemplo del ordenador, en el primer caso donde las referencias son más baratas, los compradores potenciales van a ser más sensibles al precio de ese ordenador a la hora de comprarlo (es decir, que variaciones de precio van a afectar más a sus decisiones). Si lo subimos 100 euros, nos hemos convertido en los más caros del lote y es un incremento de nada menos que el 20%.

Mientras, en el segundo caso en el que estamos rodeados de ordenadores de 1000 euros, si el ordenador valiera 100 euros más, las ventas se resentirían menos de lo habitual con la subida. ¿Por qué? Las referencias al alcance del comprador siguen siendo más altas, con lo que es más insensible en sus decisiones a variaciones de precio.

Este efecto psicológico lo hemos vividos todos de la siguiente manera.

Si estamos reformando nuestra casa, todos los trabajos rondan los cientos o miles de euros, surgen imprevistos y nos vemos inmersos en constantes nuevos gastos importantes.

De repente, vienen los obreros y nos dicen que hace falta algo que vale 80 euros, o que por 50 euros más nos ponen otra cosa un poco mejor en el baño.

¿Qué hacemos? **Casi siempre aceptamos** sin poner mucha resistencia. ¿Por qué? Las referencias a nuestro alrededor siempre son más altas, las puertas valen mucho, poner el suelo son miles de euros...

Sin embargo, imaginemos ahora que queremos comprar un producto de 80 euros. Por ejemplo, un teclado para el ordenador que valga eso.

En estos casos, recorremos múltiples tiendas, buscamos en Internet y gastamos una enorme cantidad de tiempo y esfuerzo **para pagar esa misma cantidad de dinero que durante la reforma del piso aceptamos sin pestañear.**

Cuando comparamos con lo que nos está costando la obra de la casa, 80 euros más no son nada. Cuando no estamos comparando con algo (aunque en realidad siempre estamos comparando en nuestra cabeza con nuestros gastos habituales) 80 euros en alguna otra cosa ya nos parecen algo como para pensárselo. O bien, si tenemos la referencia mental de que un teclado no suele valer tanto, nos pensamos mucho el desembolso.

Esta estrategia la aprovechan muchos para venderte cosas adicionales cuando haces inversiones caras. Es el típico seguro antirrobo que luego no usarás, o los *extras* del coche que te van sumando poco a poco, pero piensas: «Para lo que vale el coche, 45 euros más no son nada».

2. El precio no es el que pone la etiqueta, sino el que el cliente calcula en su cabeza, muchas veces contando un coste oculto

Esas referencias y costes ocultos que un cliente tiene en su cabeza pueden cambiar su sensibilidad respecto al precio y no darnos cuenta de que esos elementos están afectando a nuestra venta.

Por ejemplo, más de una vez he estado trabajando con asesores fiscales, o emprendedores de un servicio tecnológico, que no entienden por qué un cliente no acepta su oferta si tiene un precio más barato que el de la competencia y, además, dan una mayor calidad.

La respuesta es que **a veces hay costes ocultos que no le merecen la pena al cliente y debemos descubrir**. ¿Ejemplos?

- El coste de cambiar de servicio, papeleos y modo de trabajar con un nuevo asesor o proveedor.
- El coste en tiempo de aprender a usar una herramienta nueva y poco familiar.

· El coste emocional (porque los costes no siempre se cuentan en euros) de dejar a un proveedor que siempre les ha servido bien y con el que se tiene una relación sólida, etc.

Si ese es nuestro caso, **nuestra misión debe ser descubrir esos costes ocultos** que van más allá del precio de la etiqueta.

Esto implica **ocuparnos nosotros de todo y ponérselo lo más fácil posible al cliente en cualquier proceso de cambio**. Porque no influye solo lo que nos va a pagar, sino el tiempo y los quebraderos de cabeza que va a tener. Que sean imaginarios o reales no importa, para él son importantes y para nosotros también deberían serlo y tenerlos en cuenta. De lo contrario, seguiremos siendo esos asesores que no entienden por qué los clientes no dan el salto si son mejores y más baratos.

3. La dificultad comparando el precio reduce la sensibilidad al mismo

Es decir, cuanta mayor transparencia en la comparación de precios, mayor sensibilidad y más reacciona el cliente a subidas o bajadas de dicho precio.

Veamos un ejemplo.

Si dos cajas de manzanas parecidas están la una al lado de la otra, y con sus precios bien a la vista, el cliente será muy sensible a este precio y elegirá el más bajo porque apenas las distingue. Recordemos que ese es el criterio principal cuando algo no se diferencia de otra cosa.

Pero si una tienda está a cien metros de la otra, y tengo que recorrer esa distancia para comparar, entonces es probable que sea más inmune a precios algo más altos y los escoja en la tienda más cercana o en la primera que he encontrado, por pura conveniencia.

Por eso, **cuanto más fácil le sea al cliente comparar precios, más sensible será** a las diferencias que hay entre ellos.

En el tema del teclado, si hay un teclado de 80 euros y alrededor todos los demás son de 30, se pensará mucho más la compra. Lo mismo pasa si conoce el tema y sabe que un teclado suele rondar esos 30 euros. Tiene referencias mentales a mano con las que comparar.

Sin embargo, si no sabe mucho de teclados, y no puede saber cuánto suelen valer, o los que tiene alrededor valen más que esos 80 euros, será menos sensible a ese mismo precoi.

4. Los productos con un precio más alto pueden inducir a mayor sensibilidad respecto a dicho precio

Excepto si nos estamos dedicando a clientes con mucho poder adquisitivo, que consideren calderilla lo que hacemos.

Si no es así, **el cliente está más motivado a realizar un análisis de beneficios y costes respecto a precio cuando este sea elevado**.

Es decir, si se trata de una inversión importante, como comprar un coche o una casa, la gente realiza labores más exhaustivas de análisis.

O si me voy a comprar un ordenador de más de 1.000 euros, examino las opciones y no elijo la primera que surge.

Sin embargo, no voy recorriendo todas las panaderías de la ciudad para encontrar la barra más económica o la de mayor calidad-precio.

5. Hay un sesgo psicológico de atribuir más peso y fijarnos más en los dígitos que hay a la izquierda de un número

De ahí la tendencia a acabar los precios en 9.

Cuando veo 3,99 euros en la etiqueta, sé que son prácticamente 4 euros, pero **inevitablemente asigno más peso al 3**, la parte izquierda del número.

En su libro *Priceless*, William Poundstone diseccionó los diferentes estudios de estos tipos de precios y encontró que, de media, los precios acabados en 9 **incrementaban las ventas un 24% respecto a los precios redondeados**.

Otro estudio del MIT y de la Universidad de Chicago, con la misma ropa de mujer y tres precios de prueba: 34, 39 y 44 dólares, descubrió que 39$ era el precio al que mejor se vendía el producto, superando incluso al de 34$.

6. La gente espera transacciones justas, eso dificulta una libertad de precios, especialmente en productos de primera necesidad

Puede que yo sea el único que tenga leche en kilómetros a la redonda. En un sentido económico eso hace que, al ser más escasa, pueda ser muy valiosa y venderla al precio que me dé la gana. Pero si abuso de mi posición de dominio hinchando precios, mis clientes van a tener una tendencia a reciprocar y pagarme con la misma moneda. Es decir, no me comprarán ni aire en cuanto ceda mi posición de dominio.

Movistar, durante mucho tiempo, utilizó su posición monopolista para exprimir todo lo que podía el mercado de la telefonía en España. Obviamente, podía hacerlo al no haber alternativas y porque la gente no iba a renunciar a hablar por teléfono.

De modo que, cuando otras compañías empezaron a ofrecer precios más bajos, su sangría de clientes fue enorme. Incluso igualando esas ofertas, o en algunos casos mejorándolas, no podían detener la hemorragia.

Económicamente, no era lógico que la gente se siguiera yendo, pagaban lo mismo o casi lo mismo, e incluso con mejor cobertura, pero el efecto de reciprocidad estaba patente. Los clientes estaban pagando con la misma moneda con la que Movistar les hizo comulgar durante mucho tiempo. Y no quisieron saber nada de ellos en cuanto pudieron librarse.

Así que, aunque esté en medio de una pandemia y sea proveedor de suministros médicos, ser «justos» con los precios y no abusar es lo mejor a largo plazo.

7. El mensaje de marketing influencia la sensibilidad respecto al precio

Las promociones y discursos muy centrados en el precio aumentan esa sensibilidad respecto a dicho precio.

Por otro lado, **las promociones basadas en el beneficio incrementan la sensibilidad respecto al beneficio**, permitiendo cobrar precios más elevados.

Es decir, que si un vendedor o un marketing excelente empiezan a resaltar todas las virtudes de un producto, dejándonos con la boca abierta en la demostración, y con el deseo de poseerlo como sea, **somos menos sensibles a que al final nos digan un precio más caro**.

Esta es, por ejemplo, la estrategia de Apple para vender a precios más elevados que su competencia.

Su marketing destaca cómo sus productos son verdaderos

objetos de deseo y *status*. Cada novedad que sale es un evento mediático y consiguen formar colas de gente para los lanzamientos de sus dispositivos.

En ellos, se centran en mostrar cómo de brillantes, bonitos e innovadores son, nunca intentan competir en precio ni el precio es nunca el principal elemento de su discurso de marketing.

De hecho, este aparece **al final en esas presentaciones** que tienen la calidad de películas y es por un buen motivo. **El precio y su percepción ya están muy influenciados por el cuidadoso mensaje que has recibido previamente**, y que se ha basado en el valor y los beneficios.

Así que, después de lo que has visto y escuchado en la presentación de Apple, no te parece tan caro, consiguiendo así una menor sensibilidad de sus clientes respecto a dicho precio.

8. El efecto psicológico «de propiedad» influye en el precio

El efecto «propiedad» es un sesgo cognitivo por el que **se tiende a valorar mejor un producto que ya se ha adquirido**.

Lo curioso es que el efecto propiedad no se activa necesariamente tras la compra, sino antes en algunos casos.

De acuerdo a múltiples estudios **la gente valora y compra más lo que toca o coge con sus manos, o bien lo que puede probar con antelación**, como ese coche con el que vas a dar una vuelta cuando visitas el concesionario.

Con respecto al precio y la aplicación práctica, algunos estudios han demostrado que, haciendo que simplemente el cliente sostenga el producto mientras toma la decisión, se muestra menos sensible al precio.

Si volvemos un momento sobre Apple, **sus tiendas están**

precisamente diseñadas para eso. Para tocar, coger y tener una experiencia de primera mano con el producto, como si lo poseyeras y usaras.

Esta es otra pieza psicológica dentro de su estrategia de precios para insensibilizar a su público del hecho de que sean más elevados.

9. El «efecto ancla» puede determinar la sensibilidad al precio

Este efecto psicológico hace que la gente **retenga más la información inicial que recibe en un proceso de decisión**.

¿Cómo se utiliza esto en la práctica para afectar a la sensibilidad de un cliente respecto al precio?

Primando con el mensaje a que esperen un precio más alto del que se ofrece. Eso se consigue **destacando las enormes y mejores cualidades del producto al principio**.

De nuevo, Apple es experta en utilizar esta estrategia.

Cuando en sus presentaciones empiezan siempre con un golpe de efecto, y al principio utilizan esas envidiables imágenes y vídeos de demostración de su nuevo y brillante dispositivo, no lo hacen por casualidad.

Esa es la información que más se retiene y te hablan de última tecnología o de técnicas innovadoras de ingeniería, de manera que luego el precio no parece tan alto.

Al principio destacan el diseño y lo visual, el primer impacto poderoso. Lo más «aburrido», como posibles características del producto, ya lo dejan para el tramo medio de la historia.

Otra historia muy distinta sería si nada más empezar destacaran el precio. De ser así, la referencia principal y el eje alrededor del que gira todo es ese. De esta manera, te pasarías escrutando toda la presentación para ver si realmente lo que te están enseñando vale el precio que te han dicho al principio.

Eso es justo lo contrario de lo que deseamos y conecta con la siguiente implicación psicológica de los precios.

10. El marco de referencia influye en la sensibilidad al precio

Si por lo que sea yo espero precios altos, como en el caso del nuevo producto de una marca de diseño, hay menos sensibilidad a dicho precio. Ya espero que un traje de Hugo Boss no sea barato.

Pero si espero precios más bajos, porque por ejemplo la marca siempre ha destacado por competir en costes **o me ha acostumbrado a que sea muy económica**, entonces seré más sensible al precio que me digan.

Esto es muy importante porque **las marcas se posicionan de una u otra manera condicionando a sus clientes** a lo que pueden esperar de ellas.

Si siempre aplicamos una política de precios bajos, estamos condicionando a que nuestros clientes esperen eso de nosotros, así que nos resultará muy difícil introducir productos a un precio más alto.

Como precio y posicionamiento van de la mano, no queremos cavar nuestra propia tumba de condicionar a nuestros clientes a que nos sitúen dentro del grupo de «baratos».

Esto es importante, así que veremos más adelante cómo podemos bajar precios sin reducir la percepción de calidad de la marca.

11. El contexto general influye en la percepción del precio

Por ejemplo, yo trabajo en un ámbito principalmente de Internet y dentro del sector de información y conocimiento. La red es percibida como un contexto donde hay muchas cosas gratis o donde se encuentran a precios más bajos que en el «mundo real».

Eso hace que la gente sea más sensible al precio cuando está comprando online.

Esperamos que un libro valga unos 20 euros en la librería, pero si vale más de 7 en formato electrónico, nos lo pensamos.

En esos casos, nuestra misión debe ser usar nuestro marketing y nuestra relación con los clientes para educar y que adquieran una visión del precio basada en el valor que reciben. Veremos cómo hacerlo cuando hablemos de vender a precios elevados.

12. El orden de la presentación de los productos influye en la percepción del precio

Si tenemos varios productos y se empieza por mostrar la opción con el precio más elevado, **hay una tendencia a comprar los productos más caros**.

Si se empieza por la opción de precio más bajo, hay una tendencia a comprar y valorar como mejores a los más baratos.

Este efecto ha sido demostrado una y otra vez por los estudios y pruebas, así que da igual que los productos que se muestren sean idénticos. **Cuando los enseñas empezando por el más caro y bajando al más barato, se compra más el de mayor precio**. Mientras que si comienzas por el más barato y acabas en el más caro, se vende mejor el más económico.

Creo que la implicación práctica esta clara.

Si va a enseñarle varios trajes, ordenadores o lo que sea a su cliente, **empiece por la opción más cara**.

Ya hemos visto estrategias fundamentales y estrategias psicológicas. Estamos adquiriendo una comprensión más profunda y guardando piezas en nuestro arsenal para aplicar cuando determinemos nuestros precios.

Bien, ahora vamos a ahondar un poco más y ver aplicaciones prácticas derivadas de todo lo que hemos aprendido. Al fin y al cabo, la mejor manera de aprender y comprender es con ejemplos.

Veremos cómo vender un producto más caro que el de la competencia, cómo hacer promociones o cómo aplicar «marketing de educación» para que los clientes sean más insensibles a un precio elevado.

11

Estrategias avanzadas de precio

Una vez hemos visto lo fundamental y las principales implicaciones psicológicas del precio, veamos casos de estudio reales sobre estrategias avanzadas.

Ellos nos van a dar un conocimiento más íntimo de cómo funcionan las ventas y los clientes en el mundo real, además de darnos recursos que aplicar cuando pongamos nuestros precios.

1. La estrategia para ofrecer el mismo producto más caro que otros y conseguir venderlo

Hemos visto el efecto del orden de presentación de un producto como herramienta para vender los más caros, pero atención a este otro fascinante ejemplo que echa por tierra la noción de que las personas elegimos racionalmente.

Se han hecho múltiples pruebas sobre qué es mejor, si mostrar un bajo precio y luego añadir gastos de envío por separado o bien ofrecer un precio único con gastos de envío incluidos.

Una de las pruebas más relevantes en ese sentido fue ofrecer un CD por 5$ más 6$ de gastos de envío. Esa opción se probó contra el ofrecimiento del mismo producto por 10$ y con gastos de envío gratis.

He aquí la cuestión, de la gente que iba acudiendo a una u otra oferta, la más elegida era de la de 5$ más 6$ de gastos de envío.

Sí. Lo ha leído bien.

Más gente compraba un mismo producto a mayor precio, aunque fuera exactamente el mismo.

El truco está en la percepción. Es esa percepción, y no la realidad, la que realmente influye en nuestro proceso de decisión.

¿Cuánto vale el CD en la primera opción? 5$, lo cual percibían como una gran oferta.

En la segunda opción el CD valía «el doble» aunque los gastos de envío fueran gratis.

Aclarar que, obviamente, a los compradores **no se les presentaban las dos ofertas de modo que pudieran comparar**, si no que se iba desviando gente a una u otra conforme llegaban a la página de compra, y la del producto más *barato* que no incluía los gastos registraba más ventas.

Recordemos que, **cuanto más difícil sea comparar, más precio se puede pedir**.

Las conclusiones de ese estudio se centraban primero en la interesante actitud de ignorar gastos de envío a la hora de valorar un producto y en el efecto *saliente* que producía el precio de 5$.

El efecto *saliente* ya lo hemos visto en este libro y es un término de neurociencia que se refiere a que no valoramos algo por sí solo, sino respecto al resto de productos que lo rodean o que, en este caso, nos vienen a la mente cuando nos pensamos en ellos, que es otra manera de comparar.

Indudablemente, sobresale mucho más en nuestra percepción un CD a 5$ que un CD a 10,pues10 se acerca mucho más a lo que normalmente suele valer ese tipo de producto en una tienda.

Cómo aplicarlo en la práctica

Cómo establezcamos el precio de nuestro producto es fundamental.

Si dicho producto tiene costes añadidos (envío, seguros, mantenimiento, etc), funciona mejor mostrar el precio del producto lo más reducido posible y desprovisto de costes adicionales, en vez de hacerlo con un «todo incluido».

Cuando se está usando esa táctica contra nosotros por parte de un competidor, lo que funciona es **neutralizar «el hechizo» mostrando al cliente el total de nuestro coste al lado del otro total de coste de la competencia**.

Es decir, **facilitar esa comparación de precios** por parte del cliente.

Del mismo modo, tenga en cuenta siempre el efecto *saliente* para sus ofertas, escaparates y precios.

Si quiere que su descuento destaque mucho más **no las ponga todas juntas**. Si hay un jersey que ha rebajado y al que quiere darle salida, se percibe como una oportunidad mucho mejor **rodeada de otras prendas más caras** que junto a otras prendas en oferta o baratas.

2. La estrategia de gratuidad para alterar la percepción racional del precio

Vamos a ver una estrategia de precio con la cual, mediante el uso de la gratuidad, **se puede alterar el proceso de decisión racional** del cliente.

Observe los resultados de esta prueba de marketing totalmente real.

En Amazon se ofrecían las siguientes opciones por parte de una empresa:

- 1 tarjeta regalo de 10$ totalmente gratis.
- 1 tarjeta de 20$ por solo 7$.

Económica, matemática y racionalmente tiene sentido lo segundo, pues la ganancia económica a la hora de usar la segunda tarjeta regalo es mayor (13$ respecto a 10$).

¿Cuál fue el resultado sin embargo?

En el caso de **decisiones rápidas** ante anuncios de la tarjeta, la mayoría de clientes escogía la primera opción.

La palabra gratis altera el sentido de la racionalidad, especialmente en esas decisiones rápidas.

Sin embargo, observemos qué pasaba cuando se cambiaba la oferta a lo siguiente:

- 1 certificado regalo de 10$ por 1$.
- 1 certificado de 20$ por 8$.

En este caso, la mayoría (un 64%), optaba entonces por **la segunda opción**.

Al subir **aunque fuera un solo dólar** ambas ofertas, y por tanto desaparecer la gratuidad de la ecuación, la lógica volvía a tomar el control y la mayoría optaba por lo económicamente razonable, invirtiéndose la tendencia del primer caso.

Si se fija, las ofertas seguían siendo idénticas en cuanto a lo que se obtiene en cada una (3$ más si eliges las segundas opciones), pero de repente la decisión cambiaba.

Mientras la gratuidad estaba presente, el proceso de decisión racional quedaba alterado.

Tests similares se realizaron con barras de chocolate gratis.

Primero se ofrecían estas barras gratuitas, luego la misma barra por 1 céntimo y, finalmente, también se probó a ofertar barras más caras y *premium* que la que era gratis, pero rebajadas hasta un precio donde uno podía obtener esa chocolatina (de mejor calidad) con un descuento mucho mayor que lo que costaba la barra gratis.

¿Lioso? Un poco, sí. Especialmente en esta última oferta es necesario un proceso de pensamiento racional para descubrir que es un buen negocio. Mejor negocio, de hecho, que la barra de menor calidad en cuanto a la experiencia de un chocolate superior.

No había color, **lo gratis atraía irracionalmente más de lo que debería**, cortocircuitando lo que era económicamente sensato.

Especialmente en decisiones rápidas, o en decisiones donde cuesta un poco entender la lógica de las ofertas al estar definidas de una manera más liosa, lo gratis trastoca todo.

Por cosas así es por lo que se empieza a dar Nobeles de Economía a los que ponen de manifiesto la irracionalidad de la personas.

Cómo aplicarlo en la práctica

Una de las aplicaciones prácticas más usadas y efectivas es la de **regalar algo gratuito con la compra**. El producto que trae el regalo nos atrae más de una forma irremediable.

Igualmente, si va a hacer una campaña de bajada de precios o una oferta puntual, **piense en presentarlas como esas ofertas de compre 1 a precio normal y llévese otro gratis**.

O bien presente una oferta en la que te llevas 1 unidad de producto gratis por cada dos compras, en vez de presentarlas como productos a la mitad de precio o con un buen descuento.

Si nos fijamos, las ofertas de: «Compre 1 y llévese 1 gratis» son lo mismo que decir: «Dos unidades a mitad de precio».

Pero aunque sean lo mismo no tienen, ni de lejos, el mismo efecto.

Desde el principio de los tiempos han funcionado mejor cuando se han configurado con la percepción de que te llevas algo gratuito.

En realidad, la oferta de dos productos por uno, o uno de regalo cada dos compras, es una estrategia de precio, donde estamos simplificando enormemente el proceso matemático (pues en realidad son descuentos encubiertos del 50% o el 33%). Esa aritmética de los porcentajes se la ahorramos al cliente con una presentación mucho más sencilla (llévate algo gratis) que apenas necesita de racionalidad para entenderla.

Además de eso, altera la percepción objetiva del valor, introduciendo un elemento gratuito que dispara nuestra inclinación *egoísta* a conseguir todo lo que sea gratis.

Siempre recuerdo cuando aún estaba estudiando la carrera y quedé con uno de mis mejores amigos. Llegó media hora tarde, lo que por desgracia no era raro en él, pero al preguntar el motivo, me dijo que había tardado porque venía de una clínica en la que se había hecho una revisión del oído. Me sorprendió y le dije que no sabía que tenía problemas de audición.

«No los tengo, pero he pasado por delante y ponía que la revisión era gratis».

3. La estrategia de las opciones para alterar la percepción racional del precio

Como los precios siempre son relativos, podemos influenciar el proceso de elección y percepción alterando las opciones de precio que ofrecemos.

Ya hemos visto el orden de la presentación, pero una de las estrategias más exitosas de este tipo para aumentar las ventas fue la de la revista *The Economist*.

Para la prueba de marketing que realizaron, *The Economist* ofreció 3 modelos de suscripción.

- Por un lado, una suscripción **100% online, por 59 dólares**.
- Como segunda opción, una suscripción a la versión de la revista **en papel por 125 dólares**.
- Por último, una tercera opción de suscripción **a la revista en papel y con acceso online también por 125 dólares**.

Sí, no es una errata. La última opción **está al mismo precio que solo la suscripción en papel** sin el acceso online.

Cuando se ofrecieron las opciones, estos fueron los resultados:

- Un 84% optó masivamente por la combinación de suscripción en papel y online.
- Un 16% optó por la suscripción online más económica.

- Un 0% eligió solo la suscripción en papel, esto era racional y esperable, ya que se podían comparar todas las opciones una al lado de la otra fácilmente.

A continuación, se quitó la oferta *inútil* de solo suscripción a papel y volvieron a ofrecerse las otras dos opciones solamente.

En este caso, **la mayoría optó por la versión más barata de suscripción online únicamente**, mientras que una minoría optó por la ganadora anterior que combinaba suscripción online y en papel.

Aparentemente, la oferta *inútil* no era tan inútil después de todo.

La cuestión es: **ofrecer opciones que hacen más atractiva la que deseamos que escojan realmente influye para que se decidan por esa opción que preferimos vender**.

Veamos otro ejemplo de cómo las opciones alteran las elecciones y la percepción del precio.

En este experimento de marketing se ofrecían dos clases de cervezas.

- Una *premium* por 2,50$.
- Una barata por 1,80$.

Cuando se presentaba así, **alrededor del 80% elegía la cerveza más cara**.

Entonces se introdujo una tercera cerveza, capaz de modificar la percepción del comprador.

Primero, se empleó una cerveza aún más barata de 1,60$.

Cuando fue así, **un 80% pasó a elegir la cerveza de 1,80, que ya no era la menos valiosa del grupo, mientras que el resto eligió la de 2,50**.

Nadie eligió la nueva y más barata, otra muestra de que el precio en una compra tiene el lugar verdadero que tiene.

A continuación, quitaron la nueva cerveza más barata de 1,60$ y la reemplazaron por una cerveza *«super premium»* de 3,40$.

En ese caso, **la mayoría de la gente eligió entonces la de 2,50**, una minoría eligió la de 1,80 y un 10%, aproximadamente, optó por la más cara de 3,40.

Una lección adicional importante es que **un porcentaje de gente siempre va a elegir la opción más cara que presentemos, no importa el precio**.

Del mismo modo, la principal lección es que podemos influir en el proceso de decisión, y favorecer que nos compren el producto que deseamos, alterando la presentación de las opciones y el contexto de comparación de precios.

Cómo aplicarlo en la práctica

Podemos usar estos efectos a nuestro favor **ofreciendo varias versiones** de lo que hacemos.

Una manera que suele dar buen resultado es **aproximando los precios de las demás ofertas a la que deseamos que escojan**, mientras que esa la presentamos como muy superior a las demás.

En el ejemplo de *The Economist*, esto hubiera consistido en subir el precio de la suscripción online, haciendo que la combinada con papel valiera solo un poco más. De esa manera hubiera sido percibida como más valiosa.

Normalmente, la primera opción más barata en una presentación de precios como estas es simplemente un «cebo», sirve para dejar mejor al resto de alternativas.

La segunda opción suele ser la que quieres vender de verdad.

Esta puede ser con un precio no mucho más caro (observe cómo las 2 cervezas más baratas apenas varían 20 céntimos entre ellas), pero con una diferencia importante en cuanto a valor. La segunda cerveza, por ejemplo, se posicionaba como *premium*.

Esa segunda opción que presentamos siempre es la de mejor calidad/precio.

El tercer precio más caro lo podemos aplicar de 3 formas:

1. Por un lado puede ser **un precio que simplemente sirva para «*anclar*» como valor de comparación hacia el segundo**. En ese caso, sería más caro, pero no ofrecería grandes grandes cosas adicionales respecto a la oferta hacia la que queremos que se inclinen. El ejemplo de *The Economist* es esto llevado al extremo. Te cobro lo mismo y no te doy más prestaciones que la segunda opción.

2. Otra forma es **plantear la tercera opción como un producto mucho más caro** y *premium* en cuanto a valor, que cierto pequeño porcentaje de gente siempre elegirá. Es el ejemplo final de las cervezas.

En ese caso, asegurémonos de que el valor que vamos a dar sea superior y acorde con el precio más elevado que estamos pidiendo.

Siempre anclamos nuestras decisiones de precio al contexto en el que nos encontramos y a las opciones que tenemos a mano. La cuestión es usar dicho proceso a nuestro favor.

Los casos que hemos visto aquí nos ayudan a hacerlo de una manera rentable.

Curiosamente, los estudios que mejor han funcionado han sido los que han ofrecido 3 opciones. Parece ser el número mágico, así que lo podemos aplicar también cuando presentemos la oferta.

4. La estrategia de bundling

El *bundling* es el término en inglés que designa la práctica de ofrecer un grupo de productos conjuntamente.

Por ejemplo, hacer un *pack* de tres productos y venderlos a un determinado precio que sea más barato que el coste total de comprar los tres elementos por separado.

El *bundling*, desde el punto de vista meramente económico, **conviene cuando nuestros costes variables son bajos**.

Desde un punto de vista estratégico nos sirve para:

· **Dar salida a productos que no se venden** tanto, juntándolos en un paquete con productos que se venden mucho mejor.
· **Aumentar las ventas**, debido al aumento de valor percibido (3 productos parecen más valiosos que 1).

La cuestión principal es que esos paquetes se venden mejor **incluso cuando se incluyen productos que el cliente no vaya a usar**.

De nuevo, nos encontramos en realidad con una estrategia psicológica de precio, ya que **las personas tenemos un exceso de confianza respecto al futuro**.

Esto nos ocurre para casi todo. Dejamos las cosas para mañana, porque pensamos que mañana estaremos más motivados y descansados. Empezaremos *pronto* esa dieta, porque creemos que a partir del lunes sí tendremos la moral suficiente, aunque luego llega el lunes y ya sabemos lo que pasa. También nos atiborramos a comer hoy, o no nos ejercitamos, porque creemos que podremos compensar eso en el futuro, comiendo mejor dentro de unos días o dándolo todo mañana en el gimnasio.

Sistemáticamente no es así y lo cierto es que lo sabemos. Pero incluso con toda esa experiencia acumulada, **seguimos teniendo el sesgo cognitivo de tener demasiada confianza en nuestra capacidad para hacer lo que sea en el futuro**.

Por eso, muchas empresas (por ejemplo gimnasios o servicios de Internet) ofrecen descuentos si contratas el servicio para todo el año que si lo contratas durante un mes (en realidad, eso es una estrategia de *bundling*, solo que aquí acumulas periodos de tiempo y no productos). De nuevo, muchos de esos servicios no se usan tanto como imaginábamos en nuestra mente y estas empresas salen ganando.

Esta es toda una lección de marketing por sí sola, pero para lo que nos interesa en concreto, la cuestión es que **mucha gente adquiere caros paquetes de productos que luego no usa**.

Cómo aplicarlo en la práctica

La estrategia de precio del *bundling* es autoexplicativa.

Simplemente agrupamos productos en un paquete que ofrecemos a un precio atractivo y especial.

Si tenemos costes variables reducidos en los productos, como por ejemplo si vendemos productos digitales, podemos apurar el margen de ganancia e incrementar los beneficios mediante el aumento de ventas brutas.

Para que funcione, tenemos que crear una oferta valiosa, reduciendo el precio del paquete lo suficiente con respecto al precio por separado de los productos. Si no, no los comprarán.

Esto es especialmente importante si incluimos un producto

estilo *patito feo* que la gente no suele querer mucho.

De hecho la mayoría de *bundles* o *packs* exitosos están conformados por uno o dos productos estrella que arrastran hacia la compra, unos cuantos productos decentes y otros cuantos que no suelen tener tanto éxito.

Obviamente, cuanto más grande sea el paquete y menor el precio, mejor.

Algunos *bundles* juegan a «inundar de valor» nuestra percepción, con una serie inacabable de productos en el paquete que nos hace difícil calcularlo lógicamente. De esta manera, nuestro cerebro perezoso toma el atajo de valorarlo como: «Mucho producto por poco dinero es siempre buen negocio».

Algunos *bundles* usan la táctica de: «Por 1 euro más». Es decir, ofrecen un producto y, por una cantidad irrisoria, como por ejemplo 1 euro adicional, te incluyen otro.

Esto permite que el margen del primer producto y el precio a pedir por el mismo se pueda aumentar, para así compensar la pérdida que hay con el producto que se ofrece por solo 1 euro.

Es decir, yo tengo un producto que normalmente vale 10 euros y otro que normalmente vendo por 5. Puedo alterar mis precios haciendo un *bundle* que diga que el producto principal vale 12 euros y, por 1 más, te llevas el que vale 5 euros.

Parece que estás ahorrando 4 euros, pero si hacemos las cuentas, en realidad te estás ahorrando 2.

El objetivo de esta estrategia, igual que con la de crear un paquete enorme, es la de **alterar el mecanismo de valoración racional, haciendo que la emoción tome el control**.

Aquí conseguimos desviar la atención del producto principal y enfocarla en el de 1 euro, de manera que parece una buena oferta sin duda. Nuestra cabeza empieza a centrarse en el soniquete de «solo por 1 euro más», quedando más borroso el análisis del producto principal y lo que nos cuesta.

5. La estrategia de la primacía

Esta estrategia se usa para que el efecto de relatividad del precio (lo de que siempre valoramos un precio comparándolo con algo y no por sí solo) trabaje a nuestro favor.

Antes de nada, para aquellos no familiarizados con la primacía (concepto fundamental en persuasión y ventas) la comento muy brevemente.

La primacía es el efecto por el cual **los primeros momentos de una situación influencian enormemente cómo percibimos y valoramos dicha situación**.

Dos ejemplos rápidos.

Si la persona a la que acabamos de conocer nos parece físicamente atractiva (algo que concluimos automáticamente en los primeros instantes de verla) valoraremos la interacción como más positiva que en el caso de que no nos resulte atrayente. Por el contrario, si nos ponemos una película y empezamos a verla con cierto dolor de cabeza, la película nos parecerá peor de lo que la valoraríamos si la hubiéramos visto totalmente sanos.

Explicado esto, veamos cómo se aplica al tema del precio.

Hemos visto que ofrecer primero el producto más caro sirve para vender más cantidad de ese producto cuando presentamos varias opciones.

Igualmente, hemos visto que no podemos evitar comparar un precio con otro cuando podemos hacerlo, nuestra valoración de las cosas es siempre.

Por eso, cuando nos dicen que un producto vale 500 euros no sabemos si es una buena oferta o no, pero **cuando sabemos que antes valía 1.000 euros y ahora vale 500, tendemos a pensar**

que es una excelente oportunidad.

Por tanto, comparar nuestro precio con otras cantidades más elevadas lo hace parecer siempre más atractivo.

Pero ahora viene lo bueno, o mejor dicho, lo realmente extraño.

Los números elevados con los que comparar el precio del producto para que parezcan una buena oferta **no tienen ni siquiera que tener sentido**.

Me explico.

Yo quiero venderle a un cliente y le empiezo diciendo que el precio habitual del producto es una cantidad elevada, pero luego le digo que, por el motivo justificado que sea, se lo dejo por un precio mucho más rebajado.

Con esa estructura de presentación puedo conseguir el efecto de que la oferta que le hago se valore mejor, y el segundo precio parece realmente una gran oportunidad.

Pero ahora viene lo curioso.

Incluso cuando el cliente sabe que ese precio inicial elevado no es verdadero, o es directamente una exageración, **se sigue produciendo dicho efecto**.

Eso lo saben los vendedores ambulantes de mercadillo, que empiezan diciéndote que el producto vale una cantidad importante para luego decirte que te lo dejan tirado de precio. Y tú sabes que no es así, esos pantalones no valen realmente tanto como el precio inicial que te ha dicho, **pero da igual**. El efecto de comparación relativa se produce inevitablemente y valoramos mejor el último precio.

Pero vamos un paso más allá.

Ni siquiera hace falta que el precio inicial con el que comparamos tenga sentido.

De hecho, el número con el que *primar* al cliente potencial no tiene ni por qué estar relacionado con el precio.

Veamos el asombroso estudio que descubrió este efecto.

Previamente a una subasta de productos, se le pidió a los participantes que detallaran los dos últimos dígitos de su número de la seguridad social antes de empezar a pujar.

Curiosamente, los realizadores del estudio, entre los que se encontraba el profesor Dan Ariely, famoso por su clásico libro *Predeciblemente irracional*, decidieron que intentarían ver el efecto de comparación entre los números y el valor, **primando a cada individuo con sus números de la seguridad social**, algo que no tenía que ver en absoluto ni con el precio ni con el producto.

Lo que comprobaron les dejó sorprendidos:

Las personas con un número de la seguridad social elevado pagaron hasta un 346% más por los objetos de la subasta.

Por ejemplo: las personas con un número de la seguridad social acabado entre el 80 y el 99 pagaron una media de 26$ por un ratón de *trackball*, mientras que los que tenían un número terminado entre 00 y 19 pagaron de media 9$. Y solo porque habían tenido que detallar su número de la seguridad social antes de pujar, habiendo quedado *primados* por esas cifras *inofensivas* antes de hacer ofertas.

La cuestión es, ya sabíamos que primando a alguien con un precio elevado las siguientes ofertas son vistas como más valiosas. Lo interesante viene cuando resulta que ni siquiera es necesario que nos primen con números que tengan que ver con el precio.

Da un poco de miedo ver cómo estamos sujetos a comportamientos inconscientes que nos instan a hacer cosas que jamás esperaríamos. Pero si los conocemos, evitaremos que los usen contra nosotros y podremos aprovecharlos a su vez para vender éticamente.

Cómo aplicarlo en la práctica

En realidad, hemos visto esas aplicaciones en los propios estudios que hemos examinados:

- Podemos usar **el truco del mercadillo**, y decir que el producto tiene un precio mucho más elevado, pero por un buen motivo, a nuestro cliente se lo dejamos más barato.
- Podemos intentar **primar con cifras elevadas**, incluso cuando no tengan que ver con el precio, como hablar de millones de euros en ventas para romper el hielo, de precios caros de otros productos, desembolsos importantes... Y luego empezar a hablar de nuestro producto concreto, resaltando su valor y dejando para el final el precio (recordemos cómo lo hace Apple y sabremos cómo hacerlo bien).

6. La estrategia definitiva: la prueba de varios precios

El precio es un elemento de marketing y esta es la enseñanza fundamental:

Lo más importante en marketing **siempre es probar**.

Este es el secreto de toda la mercadotecnia de éxito: hacer tests que nos permitan, mediante ensayo y error, descubrir lo que realmente funciona en nuestro caso.

Todos los grandes «genios» del marketing lo son **porque han hecho multitud de pruebas** hasta encontrar lo que es óptimo, ya sea en tema de precio, mensajes de que provocan mejor respuesta, etc.

No se engañe, no lo han conseguido porque tengan un intelecto superior o sean capaces de adivinar el futuro, los verdaderos profesionales lo consiguen porque han hecho multitud de pruebas.

Personalmente, yo no tengo ninguna sabiduría de marketing superior. Pero he hecho infinidad de pruebas de marketing, comparando cientos de mensajes, precios, estrategias, etc.

Es cierto que, con el tiempo, detectas patrones que funcionan mejor, pero aún así, nunca son 100% efectivos al aplicarlos en una nueva situación.

Es por eso que hay que probar, recoger datos y quedarse con lo que funciona mejor en el mundo real.

Todo esto viene porque, a menos que esté compitiendo en un mercado completamente dominado por los precios muy bajos, **hay siempre cierta flexibilidad en cuanto a dicho precio, de manera que tenemos la oportunidad de hacer estas pruebas.**

Como estará viendo por estas páginas, encontrar el mejor precio no es algo matemático que se pueda derivar de una fórmula exacta, sino más bien una mezcla entre «ciencia y arte», partiendo de una base económica clara y corrigiendo según datos reales.

La percepción que tiene el cliente de nuestro producto influye enormemente en el precio que está dispuesto a pagar (BMW, Apple o Armani son ejemplos de esto), pero el precio que ponemos influye también en su percepción del producto (vinos caros), con lo que tenemos una calle de dos direcciones.

Dentro de esa calle, nuestra misión es encontrar y colocarnos en el precio que maximice nuestros beneficios.

Por ejemplo, personalmente empecé Recursos para Pymes con un producto, un libro en formato digital, a precio muy económico. Tras un par de meses de promoción, moverme tocando puertas, etc, las ventas empezaron a marchar.

Aquel producto era bueno, me constaba que superior en cuanto a calidad de información respecto a los demás que competían con él.

Pero dada la naturaleza digital de dicho producto, y mis propios miedos y prejuicios (algo que veremos, porque también son muy importantes en el tema del precio) temía subir lo que cobraba aunque fuera un poco, pues pensaba que la curva de demanda que me explicaron el primer día en Economía era todopoderosa, así que esa subida afectaría negativamente las ventas.

Sin embargo, desoí a esas voces dentro de mí, porque cometían el mayor pecado posible en marketing: **Sacaban conclusiones antes de probar**.

Así que hice lo que todo «genio», un test.

Durante 3 semanas subiría el precio un 30% y vería qué pasaba con la ventas e ingresos.

Lo que pasó es que los ingresos fueron mucho mayores, porque **ni siquiera las ventas se resintieron**.

Una vez más, esas voces dentro de nuestras cabezas, esos prejuicios y conclusiones anticipadas, susurraban cosas que no eran ciertas. Pasa con el precio y pasa con casi todo.

Creer lo que dicen las voces del miedo es uno de los grandes males del emprendedor.

Y a lo mejor podía haber sido cierto que las ventas se hubieran resentido, pero la moraleja, como siempre, es **probar para ver si es verdad**.

Cuando hagamos un test de marketing, esa debe ser nuestra mentalidad: lo que estamos haciendo es **tratar de descubrir la verdad de una situación**, no las opiniones sobre ella.

Ser buscadores de verdades es un excelente objetivo de marketing (y un excelente objetivo en general).

Por eso, uno de los pasos de nuestra estrategia de precio,

especialmente al principio de la misma (e incluso luego, cuando hayamos estabilizado ventas) debe ser **hacer pruebas con distintos precios para optimizar los beneficios**.

Estas son las principales directrices, por mi experiencia, que funcionan mejor a la hora de probar dichos precios.

1. No asumir nada en nuestra cabeza que no hayamos comprobado en la realidad

En un gran número de ocasiones, lo primero que ocurrirá es que nuestra mente intentará buscar excusas para no hacer las pruebas.

Las más habituales es que perjudicará las ventas, que no merece la pena el esfuerzo, etc.

No debemos hacer caso, hay que probar y descubrir la verdad, no lo que dicen los susurros.

Es simplemente una prueba, va a ser temporal y nada irreversible. Si yo no hubiera probado con el precio de aquel libro digital, habría ingresando entre un 30% y un 40% menos cada mes por las ventas.

2. El objetivo básico de las pruebas es encontrar el precio que maximice el beneficio y no necesariamente las ventas

Es decir, que mi objetivo básico debe ser encontrar **el precio que más euros netos de beneficio me aporte a final de mes**, no el que más numero de ventas me dé cuando llegue esa fecha.

Si poner un producto a 1000 euros me da 1 venta y 800 euros de beneficio, me conviene más que ponerlo a 100 euros y conseguir 7 ventas y 500 euros de beneficio.

3. Cuándo no debemos hacer caso a lo anterior y buscar un precio que maximice el número de ventas

Aunque el objetivo básico sea maximizar el beneficio obtenido por las ventas y no el número de las mismas, esto no es siempre así.

Querremos quedarnos con el precio de prueba que más número de ventas nos dé en estos 3 casos:

1. El producto está en **promoción**.
2. Buscamos **arrastrar las ventas de otros** productos.
3. Buscamos **generar cuantos más clientes nuevos, mejor**.

El tercero es el punto más importante y se da cuando un producto concreto **tiene la función de puerta de entrada sencolla para clientes nuevos, que luego nos acaben comprando más cosas**.

En mi caso personal, mis clientes me suelen comprar más de un producto, muchos repiten y, de hecho, yo incentivo a que eso ocurra, claro está. Por eso, a lo largo del tiempo he ido estableciendo en mis iniciativas productos y servicios de «entrada». Estos están a un precio más económico para hacer más fácil que alguien que no me conoce, confíe en mí por primera vez.

En esos productos de entrada, **el precio fijado es el que ha optimizado más el número de ventas, no los beneficios**, porque lo que yo quiero con esto es darme a conocer, que confíen en mí y vean que tienen una buena experiencia de compra y valor.

El menor margen de beneficio a corto plazo **lo compenso con la venta posterior de otros productos a esos mismos clientes**, que tienen un precio más elevado y un margen superior.

También se busca maximizar el número de ventas en los

llamados «productos de arrastre» (caso 2), que son aquellos que se venden muy baratos, pero precisan constantes recambios, los cuales son la fuente de beneficio real.

Las impresoras son un caso habitual. Tienen un precio muy bajo respecto a su coste de fabricación, compensado por las ventas de cartuchos de tinta y tóner.

El lector de libros electrónicos Kindle de Amazon es otro caso de producto de arrastre. Se ofrece con un margen muy reducido de beneficio y se compensa después con lo que recibe Amazon por la venta de libros para el dispositivo.

También es el caso de, por ejemplo, productos o colecciones divididos en partes o fascículos. En ellos se da un libro con una primera parte muy económica para incentivar nuevos clientes y luego vendes las siguientes partes de la historia a un precio más elevado.

4.- El tiempo de la prueba de precio tiene que ser suficientemente extenso

Es necesario que la prueba dure lo suficiente como para recoger datos fiables y que no nos entre el vértigo terminando la prueba antes de tiempo (a menos que veamos que es un completo y absoluto desastre, claro está).

El tiempo dependerá de la naturaleza del producto y, sobre todo, de las ventas que estemos obteniendo hasta el momento.

Si son pocas, el test deberá durar más para obtener resultados significativos estadísticamente.

En el ejemplo anterior del libro digital que vendía, el tiempo de la prueba fue escaso porque estamos hablando de un producto que se compraba diariamente varias veces a través de Internet.

De esa manera, en 2 o 3 semanas podías tener cifras lo bastante grandes como para comparar y ser significativas.

Pero si tenemos una venta por día, o cada pocos días, es posible que la prueba no sea significativa hasta pasado más tiempo.

5.- Tomémonos la prueba como lo que es, una inversión en marketing

Entiendo que las pruebas de marketing no son apasionantes y, muchas veces, no salen nada bien y pueden producir acidez de estómago por la tensión y las pérdidas a corto plazo. Es la naturaleza del juego. Por definición, fallaremos en más pruebas de las que acertaremos.

Muchas veces pagamos dinero por poner un anuncio, y vemos normal hacerlo porque es una inversión en marketing. Luego puede funcionar o no, pero concebimos perfectamente el tener que pagar por ello y que a veces el anuncio falle.

Bueno, pues las pruebas de precio son exactamente lo mismo, una inversión en marketing, por la que es posible que acabemos teniendo que pagar un coste, si es que descubrimos que uno de los precios probados no funciona y nos reduce los ingresos.

Esa reducción de ingresos es lo que hemos tenido que «invertir en marketing» para obtener el valioso conocimiento de que ese precio no sirve en nuestro caso.

Esta mentalidad impedirá que nos pongamos (demasiado) nerviosos durante las pruebas. No hay nada más común que estar mirando las ventas cada pocas horas. Cuando vendemos algo más estamos extasiados, pero cuando vemos que la cosa no arranca, nos ponemos cardíacos y estamos tentados de devolver enseguida el precio a su nivel original.

Nada es gratis en esta vida. Las pruebas y la valiosa información de marketing que nos proporcionan, tampoco.

6.- Las pruebas se suelen hacer en 3 momentos: al principio, cuando las ventas adquieren velocidad y cuando nada funciona

Los métodos que hemos visto para determinar unos primeros precios *a priori*, como calcular costes o hacer encuestas y preguntar a usuarios por precios, deben ser un punto de partida para empezar a trabajar. Pero guiarnos por esos precios iniciales no es óptimo.

Debemos retar esas asunciones, probando distintos precios y viendo en los primeros instantes de la actividad cuál nos da más ingresos.

Otro momento para probar el precio es cuando este adquiere cierta velocidad tras el arranque y se empieza a vender regularmente.

Retocar levemente los precios para optimizar los ingresos puede ser una buena estrategia de marketing.

De hecho yo la probé con mi primer producto de información que creé en Recursos para Pymes, allá por 2006.

Cuando conseguí suficiente tracción como para que se vendieran entre 4 y 5 unidades diarias de manera automática a través de la web, probé a reducirlo algo y las ventas fueron incluso menores. Luego probé a subirlo un poco y los ingresos no compensaban la reducción de ventas. Al contrario que con el otro libro digital y por alguna razón, el mejor precio era el inicial, aunque ese es un caso raro.

El dinero que dejé de ganar durante las pruebas lo consideré una necesaria inversión en marketing, pues era posible que, enterrado entre los distintos intervalos, hubiera un precio mejor.

Una tercera situación en la que querremos probar es cuando

nada funciona.

Curiosamente, he visto a varios clientes y emprendedores que, desesperados porque no conseguían nada, reformulaban completamente su oferta y ponían un precio mucho más elevado que hasta ese momento. Total, como ya estaban perdiendo y a punto de cerrar, al menos se iban con una actitud de: «Que le den a todo, estos son mis precios».

Y en pocas ocasiones tenían que seguir ese camino de cerrar, pero más de dos y más de tres se sorprendían porque por fin conseguían clientes y rentabilidad a esos nuevos precios mucho más elevados.

Para quiénes son adecuadas las pruebas de precio

En general, podría decirse que para cualquier iniciativa, pero incluso en algo tan importante no es así.

Habrá algunas veces en las que una prueba resulta apropiada y otras en las que será más difícil y poco conveniente.

Por ejemplo, las pruebas de precio son sencillas y óptimas para:

· **Productos y servicios que se venden por Internet**. Especialmente productos y servicios digitales, aunque no es necesario que sea así. A esto ayuda la capacidad tecnológica de hacer esas pruebas más fácilmente, enviar a los usuarios a un precio y otro, obtener datos de todo tipo sobre el comportamiento en la web, etc.
· **Servicios de todo tipo, pero especialmente los personales**. Profesionales de servicios, como asesores, contables, informáticos, etc, pueden encontrarse con sorpresas a la hora de hacer pruebas de precio por sus horas de trabajo y encon-

trarse que se están valorando poco (algo muy habitual) o demasiado.

Por el contrario, si tenemos una actividad de fabricación, **con precios transparentes o que cuesta cambiar** (ya que los clientes los conocen y pueden comparar fácilmente) tenemos más difícil el realizar esas pruebas de precio.

12

Otras consideraciones importantes sobre los precios

Antes de volver sobre el proceso de poner nuestro precio paso a pso con ayuda de la hoja Excel que acompaña este libro, me gustaría comentar algunas cosas adicionales sobre precios que es importante que no se queden en el tintero.

13

Pistas que nos dicen que tenemos un precio demasiado bajo

Curiosamente, en el caso de muchos emprendedores, el problema no son los precios altos, sino los precios demasiado bajos.

Los cuales suelen atraer diversos problemas inesperados.

Por supuesto, el precio ideal que maximiza nuestros beneficios solo vamos a poder encontrarlo mediante las pruebas de precio. Sin embargo, en mi experiencia tras ver miles de clientes, las siguientes pistas suelen ser señal de que estamos poniendo una cifra demasiado baja en la etiqueta.

1. Cierras casi todas las propuestas

Lo cierto es que **en marketing se falla más de lo que se acierta**. Es lo normal. Pero si te encuentras ganando prácticamente todas las propuestas que realizas, quizá estás poniendo un precio demasiado bajo.

Por supuesto, esta no es una pista definitiva, ni mucho menos. Ni siquiera es una mala pista si con ese precio consigues los beneficios que deseas y no te sientes esclavizado. De hecho,

ninguna pista que vamos a ver es indicativa por sí sola.

Sin embargo, si aparecen varias de ellas a la vez, seguramente debemos replantearnos nuestra política de precios.

Por eso, si ganamos casi todas las propuestas, y además aparecen algunas otras de las siguientes pistas, cuidado.

2. Muy pocas veces detectas resistencia ante el tema del precio cuando estás negociando

¿Alguno de tus clientes potenciales comenta el precio, dice que es muy alto o te pregunta si puedes rebajarlo?

Porque si no es así casi nunca, probablemente hay espacio para una subida.

3. No estás atrayendo a tu cliente ideal

Quieres vender, sí, pero en vez de esas grandes empresas o cuentas, o esos clientes sofisticados y exquisitos, casi siempre estás con emprendedores que están empezando, pequeños negocios que van justos de presupuesto o a tu tienda no entran clientes que parecen tener ese deseado poder adquisitivo.

Si el cliente ideal que imaginábamos no es que suele venir hasta la puerta, **puede que el precio no esté dando las señales de valor adecuadas**.

Por supuesto, puede ser un problema de posicionamiento de producto o un problema del producto en sí, que no es gran cosa y hay que mejorarlo para competir en las grandes ligas. Pero suponiendo que tenemos el producto en orden y somos diferentes (aunque sea mucho suponer), no atraer al cliente ideal puede ser otra pista de un problema de precios.

4. Has escuchado más de un comentario sobre que tus precios son bajos

Esta pista sí podría funcionar por sí sola como indicador de precios demasiado económicos, si es que la oímos de vez en cuando.

Muchos clientes se callan esto aunque lo piensen. Por eso, que algunos lo digan en voz alta es una bandera roja importante porque es posible que otros muchos lo piensen y callen. En ese caso, deberíamos echar otro vistazo a nuestra estrategia.

5. Te cuesta llegar a fin de mes

Ya lo hemos visto en este libro, antes de correr hay que caminar. Por eso, antes de aplicar estrategias psicológicas o avanzadas, **los cimientos son un precio económicamente rentable dada nuestra estructura de costes y funcionamiento del negocio**.

Por eso, si nos cuesta llegar a fin de mes, no hemos plantado buenos cimientos y hay que examinar el precio para obtener margen suficiente.

6. No creces

Puede que cubras costes y tengas un cierto margen, pero pasa el tiempo y el negocio no crece.

Puede ser por muchos motivos, obviamente, pero un estancamiento habitual es otro signo de que a lo mejor no hemos puesto un precio económicamente viable.

7. Tu precio es más bajo que el de la competencia

En general, habrá comprobaro que en este material se suele obviar a la competencia. El principal motivo es que fijarnos demasiado en ellos no suele tener mucho valor debido a que la mayoría de empresas pone los precios de cualquier manera. No obstante, eso no significa que no veamos los precios que ponen, al menos para saber si estamos cayendo en este problema.

Este se da cuando analizas a la competencia y **sueles estar entre los precios más bajos del sector**.

Independientemente de otros factores, este es un lugar muy peligroso para estar, porque yéndote a esa parte más baja **te estás posicionando al borde de un precipicio**.

Un aumento de costes, la aparición de un competidor grande... Muchas cosas pueden alterar ese delicado equilibrio de precios, caer al barranco por culpa del empujón al ponernos tan cerca y acabar con nuestro negocio rápidamente.

Vivir al límite no es una buena estrategia en general, sobre todo cuando se trata del límite inferior.

8. Tu precio está entre los más bajos y además das mucho más valor que el resto

Doble de puntos para la pista anterior si el precio está en el segmento más bajo del mercado al compararte con la competencia **y, además, estás dando mucho más valor que ellos**.

Que suele pasar, especialmente entre nuevos emprendedores, que se esfuerzan por dar más que lo pactado y matarse a trabajar. De nuevo estamos en dos límites, el de precio por lo bajo y, seguramente, el de estrés por lo alto. Alejémonos de extremos.

9. Proporcionas algo realmente diferente, pero cobras lo mismo que el resto de soluciones

¿Cuál era el principal problema de los negocios? Lo he dicho tanto ya... No se diferencian del resto. El agravamiento de este problema se produce porque la mayoría de emprendedores **vive enamorado de su producto y en realidad cree que es diferente, cuando los clientes no pueden distinguirlo** del resto.

Sin embargo, puede darse el caso de que seamos realmente diferentes. Que proveamos al mercado de una solución verdaderamente única, especializada o superior.

Y **sin embargo, estamos poniendo el mismo precio** que la competencia.

En ese caso, estamos cogiendo todo ese esfuerzo de posicionamiento y diseño de la oferta a través del producto y lo estamos destruyendo con el precio.

10. Tienes la intuición de que tu precio es demasiado bajo

Si es un runrún que ronda por la cabeza a menudo, probablemente sea cierto. La intuición y la experiencia tienen un lugar en los negocios, a pesar de las importantes cuestiones matemáticas del precio.

Es posible que queramos subir el precio y descubrir la verdad sobre esa intuición de que no nos valoramos suficiente, porque muchas veces resulta cierta.

14

¿Qué es más efectivo, bajadas de precio esporádicas o una reducción de dicho precio?

Una de las armas más poderosas, usadas inteligentemente, es una campaña de marketing donde hay una bajada de precio **esporádica** que representa una buena oportunidad para el cliente.

Es una buena táctica **de corto plazo** para incentivar las ventas, mejorar la tesorería y atraer interesados. Por eso, siempre la recomiendo a fin de generar fondos, dar un impulso a los clientes y bajar la barrera de entrada para que empiecen a hacer negocios con nosotros.

Esto es muy distinto, como intento insistir, **a reducir el precio de manera sistemática**.

Examinemos las conclusiones de un estudio del *Institute for Operations Research and the Management Sciences* (INFORMS), porque nos van a ayudar a entender mejor a nuestros clientes.

Según este estudio:

1. **Cuanta mayor percepción haya de que la marca es de alta gama, más daño va a hacer la bajada** de precio en la percepción del valor.
2. **El precio es la primera señal por la que un cliente infiere el posible valor** de un producto, algo que ya hemos visto.
3. **La frecuencia de anuncios y promociones son una señal de valor**. En concreto, cuantas más promociones hagamos anunciando una bajada temporal de precio, **mayor reducción del valor** percibido vamos a experimentar.

Creo que empezamos a entender mejor la política de precios de Apple con esos 3 puntos, porque es **fundamental para su estrategia de posicionamiento como marca de alta gama**.

El contenido de nuestro marketing proporciona señales directas (aunque imperfectas) del valor del producto. Si hacemos una mala comunicación, llena de errores y poco profesional, podemos decir adiós al valor percibido del producto, por muy bueno que este sea realmente.

Del mismo modo, hay que tener en cuenta que el cliente entiende que el marketing es información sesgada. Obviamente, no vamos a decir nada malo del producto en nuestra publicidad y, por tanto, el cliente pensará que no todo es tan bueno como lo pintamos.

La experiencia del cliente al consumir el producto es, obviamente, otra señal directa de valor. Pero claro, esa no la va recibir hasta que nos compre.

Por tanto, según este estudio de marketing, el precio resultaba el principal señalizador del valor de un producto y bajadas sistemáticas de precio, o frecuentes campañas de reducción esporádica de los mismos, **dañan el valor percibido de lo que vendemos**.

Cómo aplicar esto en la práctica

La primera conclusión es clara:

Es **preferible hacer campañas esporádicas** de bajada de precio que bajarlo del todo.

La segunda es que dichas campañas **no pueden ser constantes en el tiempo y machacando con lo mismo**, porque cuantas más hagamos, más afectamos al valor y las posibles ventas.

Si cometemos ese error, vamos a condicionar a los clientes a constantes promociones de precios bajos, con lo que, cuando decidan comprar, **esperarán a la siguiente campaña** y afectaremos a las ventas a precio normal.

Una tercera conclusión es que, siempre que hagamos una bajada de precio, **expliquemos razonadamente por qué lo hacemos, a fin de no perder valor** percibido.

Aunque sea porque es nuestro cumpleaños o porque estemos de muy buen humor, **siempre tiene que haber un motivo** por el que se hace la oferta esporádica.

He aquí una táctica real y probada de *marketing en el filo* para hacer bajadas de precio y no dañar el valor percibido del producto.

Consciente de todo esto que estamos hablando, cierto emprendedor al que considero uno de los pocos expertos reales en marketing, hacía campañas de bajada esporádica de precio cuando necesitaba aumentar las ventas o la liquidez.

El motivo para hacerlas era que cierta partida de productos tenía algún *defectillo* en el embalaje, que la remesa no estaba del todo perfecta o que había una pequeña errata en algún lado, y por ese motivo dejaba el producto más económico. También dejaba bien claro que ninguno de estos defectos mermaba la experiencia de uso o la calidad, pero alegaba que tenía que dar salida al stock.

Con esta premisa (que por supuesto usaba muy esporádicamente) sus clientes veían una excelente y limitada oportunidad de hacer un muy buen negocio. Además, el valor percibido del producto quedaba intacto, porque se trataba de algo excepcional, realizado a causa de un motivo sensato.

No había una bajada de precio «porque sí», ya que eso transmite muy malas señales sobre el valor del producto.

¿Por qué digo que sus tácticas de marketing estaban un poco *en el filo*?

Porque **no existían tales pequeños defectos** en las remesas.

Según este emprendedor, aunque lo vendido no tuviera esa pequeña raya o imperfección, aún no había visto a nadie que le escribiera para quejarse de que todo estaba en mejor estado del que esperaba, y que exigía que tuviera ese pequeño problema que le habían *prometido*.

Y que, si se terciaba, igual se abollaba un poco una caja «sin querer» o había un pequeño corte en el plástico de embalar, que se había hecho «accidentalmente» al contacto con una llave.

Con esas campañas, **el producto mantenía su valor intacto y podía dar salida a menor precio de manera justificada**, consiguiendo liquidez a corto plazo.

Es obvio que esta táctica bordea la frontera gris de las cosas, pero también es obvio que nadie salía perdiendo ni engañado, mucho menos el cliente, que se podía contar entre los más satisfechos.

Personalmente, no la he probado nunca, pero he visto en primera persona cómo este emprendedor, y algunos otros, la han usado varias veces con excelente resultado.

15

Cómo hacer promociones de precio que funcionen

Hemos visto cómo las promociones de precio, en la mayoría de ocasiones, van a ser mejor estrategia que la bajada general.

Lo que vamos a ver aquí es lo que mejor me ha funcionado, en campañas reales, para que sean efectivas.

Estos son los puntos básicos a tener en cuenta.

1.- No hacer promociones de precio de manera demasiado frecuente

Una empresa de productos de calidad con precios altos, que apenas realiza promociones, es percibida como difícil en cuanto a poder conseguir una ganga. Por eso, cuando esta situación se produce, es probable que mucha gente se lance a aprovechar la oportunidad.

Pero si estamos haciendo constantemente promociones, ya hemos visto lo que pasa, condicionamos a los clientes a esperar.

2.- Siempre tener un motivo por el que hacer la promoción de precios

Ya hemos visto esto también, en el caso anterior de la «mercancía ligeramente dañada». **Es imprescindible tener un motivo para hacer dicha promoción.**

Tampoco tiene que ser una razón espectacular. Yo he realizado campañas de este tipo con motivo de aniversarios de mis iniciativas, porque se acerca Navidad, porque es mi cumpleaños, etc.

Queremos dar una justificación de que el precio no baja de manera aleatoria o por puro capricho.

3.- El éxito de las promociones depende del precio inicial de referencia

La gente querrá aprovechar nuestra promoción solo **si la perciben como muy buena**. Y eso únicamente ocurrirá cuando el precio de oferta sea lo bastante reducido con respecto al precio habitual.

Si el producto vale 19,99 euros y la oferta lo pone a 18,00 euros, no creo que tenga una gran masa de gente llamando a mi puerta. **Esas bajadas de precio apenas se perciben** y no mueven la aguja de la compra en nuestro favor.

Sin embargo, si el producto pasa a valer 9,99 euros, esto ya es otra cosa y ahora sí parece una buena oferta.

4.- Es imprescindible incluir la escasez en la campaña

Para que tenga un efecto mayor, **es necesario incluir algún elemento de escasez en la campaña de precios** y resaltarlo.

El más habitual es dejar claro que la promoción es **por tiempo limitado** y mostrar bien ese tiempo. Por ejemplo, 48 horas o el tiempo que sea.

Otra manera de incluir escasez es **por unidades limitadas** en vez de por tiempo, y restringir el precio de oferta a las 100 primeras ventas, por ejemplo.

La venta depende de la emoción. Vemos algo en la televisión que nos impacta y queremos tenerlo cuanto antes, miramos por Internet, fantaseamos y lo queremos ya... Pero si dejamos pasar el tiempo, **al día siguiente ese fuego está casi apagado y una semana después ni nos acordamos**.

Por este motivo, si hacemos una promoción demasiado larga en el tiempo, estamos apagando ese «fuego emocional».

En mi experiencia, lo más efectivo no es dar una razón para comprar, sino **una razón para comprar HOY**, no mañana ni el mes que viene.

5.- Es imprescindible un último recordatorio a los destinatarios

Esta ha sido también mi experiencia en este tipo de promociones:

En casi todas las campañas en las que enviaba un recordatorio final el último día, conseguía que esa jornada fuera la de mayores ventas.

Cuando no enviaba dicho recordatorio de última hora a mi lista de destinatarios en la campaña, las ventas eran muy inferiores.

Lo curioso era que, al principio de mi andadura, me resistía a enviar esos recordatorios.

¿Por qué?

Sobre todo, porque era un novato y no quería *molestar* a los clientes con otro mensaje promocional más. Pensaba que muchos de ellos me iban a considerar un pesado o iban a borrarse de mis listas.

Craso error. Otra muestra de cómo nuestra cabeza saca conclusiones erróneas basadas en temores internos, en lugar de descubrir la verdad y fundamentarse en hechos reales.

Las razones por las que es imprescindible mandar este mensaje de recordatorio son:

1. Que los clientes están extremadamente ocupados en sus cosas y no se acuerdan.

Nosotros estamos pendientes de cada minuto de esa campaña y sus resultados, porque nos van los ingresos en ello. Pero nuestros clientes están pensando en sus propios negocios o trabajos, sus familias, la hipoteca, el resfriado que tienen o lo que sea. Pero no en nosotros, se lo aseguro.

La mayoría de mensajes que les hemos enviado **los habrán ignorado o visto muy por encima**, por eso es imprescindible este recordatorio en los últimos momentos de campaña.

2. El mensaje despierta la urgencia.

La urgencia es el multiplicador del éxito de cualquier campaña de marketing, también en las basadas en precio. Yo mismo he comprado cosas (que muchas veces apenas he usado luego) con tal de no perder la oportunidad del precio más bajo que se presentaba.

Recordemos que somos optimistas y sobrestimamos nuestra capacidad futura de hacer cosas.

Un **mensaje de recordatorio poco tiempo antes de cerrarse la**

campaña dispara el rechazo a perder oportunidades. Todos los humanos llevamos programado bien dentro ese instinto, por eso son un elemento clave para el éxito de una campaña de este tipo.

16

Cuándo son adecuados unos precios bajos en general

No quería volver sobre este tema, pero tampoco quiero obviar nada.

Un precio bajo no debería ser nunca un fin en sí mismo, sino una herramienta para conseguir cuota de mercado, notoriedad cuando nadie nos conoce o arrastrar las ventas de otros productos.

Pero como estrategia general, recordemos que solo hay una situación en la que los precios bajos constantes son adecuados:

Cuando tengamos una **ventaja esencial en costes**. Es decir, que por el motivo que sea, tenemos la capacidad de hacer lo que hacemos mucho más barato que cualquier otro competidor.

Si no tenemos dicha capacida, preparémonos para un calvario en caso de emplear los precios bajos como estrategia principal.

Incluso cuando tenemos esa ventaja fundamental en costes, haríamos bien en recordar que, tarde o temprano, **siempre aparecerá otro que lo haga más barato**. Lo que puede incluso dar lugar a lo siguiente.

17

Las guerras de precios

No puede haber un libro sobre precios que no contemple este «temido» fenómeno. Por eso, me gustaría dedicar un momento a explicarlo de manera sencilla, realista y concreta.

Si comenzamos a bajar precios, es muy posible que los competidores directos lo hagan también, especialmente si ven que con eso estamos aumentando nuestras ventas o consiguiendo notoriedad.

A veces, incluso cuando no se ven afectados por nuestra maniobra, los competidores se ponen nerviosos y los bajan igualmente. Lo he visto en ocasiones y es debido a que el tema del precio ejerce esa influencia irracional, que hace que lo consideremos como mucho más importante de lo que es en realidad.

Lo malo de las guerras de precios es que, cuando empieza una bajada y un competidor responde igual, **comienza una escalada de represalias con precios cada vez más reducidos**, que afectan muy negativamente al margen de beneficio de los implicados en la batalla.

La teoría de las guerras de precios dice que el sentido de

empezar una es **eliminar a los competidores**. Si no es para eso, no tienen sentido.

Una vez conseguido ese objetivo, y estando solos en el mercado (si es que ganamos), ya podremos volver a subir los precios y, además, tener más ventas porque seremos la única opción que haya quedado en pie.

Como todo lo que tiene que ver con la teoría y con la guerra, ese razonamiento parece lógico, **pero en la realidad no suele funcionar**.

Para empezar, una guerra así la van a ganar dos tipos de empresas:

- La que tiene la ventaja fundamental en costes.
- La que tiene mucho más poder económico y reservas para aguantar, aunque no tenga una ventaja fundamental en costes.

En este segundo caso, la empresa debe bajar por debajo de la capacidad de quien tiene la ventaja en costes, aguantar las perdidas el tiempo suficiente como para que la otra empresa tenga que cerrar y, tras eso, volver a unos márgenes que le permitan curar la sangría que se ha provocado.

Por estos motivos, cuando un centro comercial se pone en medio de un barrio y las tiendas de alrededor intentan competir en precio, siempre fracasan. Están intentando golpear al gigante donde es más poderoso.

Igualmente, es un mito pensar que vamos a acabar realmente con todos los competidores si nos enzarzamos en una guerra de precios. Incluso cuando alguno caiga, otros vendrán. Pero es que además, una vez has bajado los precios a los clientes, **es muy difícil condicionarles a que vuelvan a pagar algo más caro**.

Es un efecto psicológico. Una vez conseguimos algo por un precio más reducido, nos cuesta mucho más volver a ese precio más alto. A partir de ese momento no vamos a estar muy bien vistos por los clientes, que tenían un marco de referencia anterior del precio barato que hace que no les guste nada la subida.

Además, ¿qué ocurre si ganamos y subimos los precios de nuevo cuando nos quedamos solos?

Que en realidad volvemos a la casilla de inicio.

Hacemos atractivo el hecho de que acudan nuevos competidores a quedarse con una parte del pastel. Es decir, que es probable que repitamos otra vez el círculo vicioso, pero con caras nuevas.

En definitiva, lo que no querremos con nuestra estrategia es desatar una guerra de precios, por eso vamos a ver las situaciones en las que es más probable que provoquemos este fenómeno, a fin de evitarlas.

¿Cuándo se producen las guerras de precios?

Las guerras de precios se suelen producir en industrias, sectores o nichos que:

1. Carecen de una concentración

Es decir, que **no hay un líder definido**, o un pequeño grupo de líderes y luego un montón de seguidores a gran distancia.

En esos contextos de concentración, la multitud de pequeños es prácticamente imposible que empiece una guerra, porque sus acciones apenas van a afectar a nadie, debido a su pequeño alcance.

Igualmente, los grandes líderes, que tienen una concentración importante del mercado (y probablemente unos sanos márgenes de beneficios) no tienen incentivo a empezar una guerra en ese estado, sino a repartirse el pastel *pactando* precios.

No lo harán de una manera explícita porque eso no es legal, pero sí es posible que algo implícito surja. O bien, alguien puede rebajar algo el precio, pero nunca romper la baraja haciéndolo demasiado.

Sin embargo, **cuando no hay concentración y no se ha alzado un líder definido** en el ámbito en el que competimos, **hay más probabilidades de que bajadas de precio desemboquen en una guerra**.

2. Las empresas tienen altos costes fijos y bajos costes variables

Cuando tienes altos costes fijos (como los hoteles o los aviones) ya hemos visto que **estás muy tentado de bajar los precios**, para intentar atraer más clientela.

Por eso, en sectores de este tipo, las guerras de precio son más probables.

3. Industrias o sectores en crecimiento con la posibilidad de que, una vez madure el mercado, los clientes se concentren en unos pocos jugadores

En industrias en crecimiento que no han madurado es posible que, cuando llegue ese momento de maduración, haya una concentración en unos pocos jugadores líderes.

Esto es muy probable en todo nuevo sector, porque la economía y el mundo de los negocios son acumulativos. Y cada vez lo son más, de manera que el líder, o los pocos líderes, se llevan casi todo.

En ese caso de mercado que está empezando, hay incentivo a dar dentelladas por tomar una mejor posición y empezar con guerras de precios para conseguir alcanzar esa situación de liderazgo cuando pase el tiempo.

Además, en esos sectores inmaduros es más probable que se cumpla el verdadero objetivo de una guerra de este tipo, **hacer desaparecer al resto**, que aún no estará tan asentado ni tendrá tantos recursos económicos.

4. Industrias que crecen y en las que puede haber potenciales ahorros económicos cuando la industria madure

De nuevo, vemos que el mayor peligro de guerra está en las industrias, sectores o productos muy novedosos, **que no han madurado y se encuentran en proceso de formación y fluctuación**, sin saber aún quién es el líder claro.

Si cuando se alcance esa concentración hay posibilidades de ahorro (por ejemplo, porque tener un gran número de clientes produce un ahorro de costes o suficiente beneficio global) es muy posible que acciones de bajada de precio empiecen una guerra.

En realidad, la guerra de precio es un asunto que muchos emprendedores temen más de lo que deberían. «La guerra es el infierno», ya lo dijo en general Sherman, y competir en precio es una trampa mortal para la mayoría.

Por eso, deberíamos preocuparnos de competir en otros aspectos y dejar de acercarnos a infiernos y trampas.

18

Cómo establecer sus precios paso a paso

Ahora ya tenemos un conocimiento fundamental del precio, su lugar en la venta, su fascinante funcionamiento y las estrategias principales que mejor resultado dan en la práctica.

Con ese conocimiento, por fin es hora de detallar a fondo los pasos que ya delineamos al principio para poner nuestro precio.

Paso 1. Determinar un primer precio basado en costes y beneficio que se desea obtener

Para poner un precio hay una limitación fundamental: **la de nuestros costes**.

No podemos poner un precio que nos arruine, porque no cubrimos lo que nos cuesta hacer el producto, por ejemplo, o bien porque el margen de beneficio es tan estrecho que nuestra empresa no va a ser rentable.

A menos que el producto esté enmarcado dentro de una estrategia de arrastre de otros, o forme parte de una promoción temporal para conseguir cuota de mercado, nuestros costes son el límite inferior básico del que no podemos bajar.

El segundo punto de referencia para empezar a concretar un primer precio con el que trabajar son **nuestros objetivos en cuanto a rentabilidad o beneficio por venta que deseamos**.

Es decir, cuánto margen querremos sacar de cada venta de nuestro producto.

Entre esos dos números (el que cubra los costes y nuestro margen ideal de beneficio) nos moveremos para ir concretando un primer precio.

Para ello **deberemos tener en cuenta todos los costes fijos y variables de comercializar nuestro producto o servicio**, así como los márgenes de beneficio objetivo que deseamos obtener.

Para este paso de la estrategia, llega la hora de descargar nuestra hoja de cálculo en formato Microsoft Excel que acompaña a este material y que nos va a permitir trabajar esto muy fácilmente.

DESCARGUE A SU ORDENADOR LA HERRAMIENTA PROFESIONAL EN FORMATO EXCEL AQUÍ : https://emprender.email/herramienta-precios.zip

En ella podremos rellenar estos costes y los beneficios que deseamos obtener, encargándose la aplicación de los cálculos más complejos y haciendo el trabajo duro.

De hecho, podremos ir **cambiando diversos valores del precio y ver al instante el impacto que tienen sobre el beneficio**.

La herramienta tiene instrucciones detalladas en cada pantalla que hacen muy fácil su uso, además de vídeos que explican su funcionamiento también muy fácilmente.

Es importante que lea las instrucciones en cada pantalla de la hoja de cálculo y vea los vídeos, que apenas duran unos minutos y le permitirán empezar rápidamente.

De todas maneras, voy a explicar brevemente el método de

trabajo que seguiremos con la aplicación.

Las opciones básicas de la herramienta en Excel

En la aplicación podremos elegir, en su pantalla inicial, **si estamos poniendo un precio para un producto o para un servicio**. Esa será la primera elección sencilla que tendremos que hacer.

Esto es así porque un producto no es lo mismo que un servicio en su estructura de costes y precios, de modo que las hojas correspondientes reflejan esa diferencia a la hora de rellenar sus datos.

Por ejemplo, mientras que un servicio contable lo proporcionamos directamente en muchas ocasiones si somos un profesional independiente, un producto que fabricamos puede necesitar distribuirse en tiendas para poder llegar al público. En ese último caso, necesitaremos transportistas, comerciante final, etc. Habremos de tenerlos en cuenta para saber el precio de venta al público definitivo (PVP) y el precio al que nosotros venderemos a nuestros distribuidores (y que será el que nos dé el margen beneficio).

En el caso del servicio contable, el precio que influye en nuestros beneficios será igual que el PVP para el cliente final.

Una vez elegido en la primera pantalla si estamos trabajando con un producto o con un servicio, tenemos que hacer otra elección muy sencilla allí mismo y pinchar en la opción correspondiente.

Esa segunda decisión a tomar es **el enfoque de trabajo inicial** que queremos utilizar a la hora de poner nuestro precio.

1. El primer enfoque se basa en **plantearnos un margen de**

beneficio que queremos obtener por venta y comprobar qué precio es el que calcula la herramienta que hay que poner para poder conseguirlo.

2. El segundo enfoque se basa en **empezar por un primer precio que nos ronde por la cabeza** y, cuando rellenemos nuestros principales datos de costes, ver qué margen de beneficio nos deja y si sería suficiente.

En realidad, **los dos métodos son diferentes caminos para llegar al mismo lugar**.

En el caso del primer método, es posible que tengamos en mente un objetivo de beneficio o margen que queramos conseguir. Por ejemplo, sabemos que queremos al menos un 30% de margen de beneficio en cada venta respecto a lo que nos cuesta hacer el producto.

En ese caso, podemos elegir este punto de partida, rellenar ese objetivo de margen de beneficios, rellenar el resto de casillas grises que hay en la hoja (el siguiente paso que explicaré) y **la herramienta calculará el precio que tendríamos que poner para obtenerlo**.

Por el contrario, si ya tenemos un precio que nos ronda por la cabeza, podemos empezar por él y elegir el enfoque 2 (por ejemplo, hemos pensado vender un producto a 19,95 euros).

Partiendo de dicho precio, y rellenando el resto de datos **de los recuadros grises**, la herramienta calculará los beneficios que nos dejaría dicho precio, así como cuántas ventas harían falta para empezar a recuperar costes.

De esa manera, podremos ver si el precio inicial que habíamos pensado nos dará resultados suficientes, o si precisa un número inalcanzable de ventas a ese precio para ser rentable. Esto último suele ser más común de lo que parece en muchas iniciativas de negocio.

La aplicación se ha construido así para tener libertad a la hora de comenzar a trabajar y adaptarse a diversos enfoques.

Insisto en que ninguno de los métodos es superior al otro, son los mismos cálculos pero empezando por sitios diferentes.

Este primer paso de tener claros costes, márgenes y precios mínimos ayuda a clarificar y sacar a la luz muchas cosas que, en muchas empresas, están muy nebulosas. La mayoría de veces se empiezan a poner precios al azar, pero no se sabe el impacto real que tendrán sobre nuestra economía, con lo que estamos plantando la semilla del desastre.

Paso 2. Ir rellenando los datos correspondientes en la hoja de cálculo elegida

Una vez hemos seleccionado por dónde empezar, nos vamos a la hoja correspondiente de la herramienta Excel y **vamos rellenando cada casilla de color gris**.

No trate de modificar las casillas que no sean de ese color, la hoja está protegida adrede para impedir eso, porque tiene integrados cálculos importantes que pueden quedar alterados y hacer que la herramienta no funcione bien.

Todas las casillas tienen al lado una explicación de lo que debemos poner en cada una si es gris, o de lo que significan si son de otro color.

Y por supuesto, **no es necesario que rellenemos todas** esas casillas grises, porque muchos conceptos que hay allí pueden no aplicarse en nuestro caso.

La herramienta está hecha para abarcar todo tipo de empresas y situaciones, pero muchos de los que la usen no necesitarán poner nada en la mayoría de las casillas.

Por ejemplo, si vendemos algo, pero no tenemos un equipo de comerciales que se lleve un porcentaje de las ventas, o no hay agentes e intermediarios que se lleven otro pellizco de dichas ventas, no rellenamos esas casillas porque no corresponden en nuestro caso.

Paso 3. Tener claro el posicionamiento del producto y si es consistente con los objetivos anteriores

Los dos pasos previos nos permiten ir poniendo precios y viendo qué resultados económicos nos darían. De esta manera, aplicamos la primera estrategia básica de precios que vimos en este material y que, si recuerda, se basa en poner el precio basándonos en nuestros costes más un margen.

Este es un fundamento sólido, pero solo son los cimientos.

Recordemos que el precio no es solo una cuestión de costes económicos, **sino un elemento de marketing y una señal de valor**.

Por eso, en este paso comprobamos si nuestro precio es compatible con el posicionamiento que le queremos dar a nuestro producto o servicio.

Tengamos en cuenta que el posicionamiento depende de nuestro precio **y del de la competencia**.

En este paso, sí querremos comprobar cuáles son los competidores más directos y qué precios están poniendo.

- Si colocamos nuestro precio por encima del de la competencia, lo estamos posicionando como de mayor calidad.
- Si lo colocamos por debajo, va a ser percibido como de menor calidad, al menos *a priori*.

Hemos de ver cuál es nuestro objetivo a la hora de que el producto se posicione en la mente del cliente, modificar el precio inicial de los costes según sea el de la competencia y analizar en la herramienta la rentabilidad económica y las cifras que se producen al modificar el precio.

Es decir, que además de un precio económicamente sensato, debemos tener **un precio acorde con el lugar que deseamos tener en el mercado o en la mente del cliente**.

Así que volvemos sobre cada precio que hemos puesto y respondemos a la pregunta:

· ¿Es un precio acorde al posicionamiento que deseamos alcanzar en el mercado?
· ¿Es un precio acorde a cómo queremos que nos vean?

Paso 4. Escoger posibles estrategias de precio a aplicar

Hemos aprendido multitud de estrategias de precio en estas páginas, desde el *bundling*, hasta un buen puñado de técnicas psicológicas.

En este paso, es hora de considerar qué estrategia o estrategias vamos a querer emplear si es que resultan convenientes en nuestro caso. Ni mucho menos implica que debemos aplicarlas todas, pero tenemos un buen arsenal que puede ser interesante según la ocasión.

Esto nos obligará a retocar nuestro modelo económico, con lo que deberemos volver sobre la herramienta. No pasa nada, porque recordemos que poner un buen precio es un proceso iterativo donde vamos repitiendo hasta acercarnos a lo ideal.

Si, por ejemplo, vamos a emplear precios de penetración un

tiempo, o bien aplicamos un multiprecio, querremos usar varias copias de la hoja de cálculo para ver los distintos márgenes y beneficios de cada precio empleado en cada periodo del tiempo.

Paso 5. Salir al mundo real con nuestro primer precio y recoger resultados

Hemos visto costes básicos, hemos analizado que el precio sea acorde con el posicionamiento que queremos y, a lo mejor, hasta hemos elegido aplicar alguna estrategia avanzada de precio.

Bien, con todo eso, debemos haber llegado a un primer precio con el que vamos a trabajar.

Pero como siempre, los planes y la realidad no se llevan muy bien.

Por eso, vamos a exponer nuestro precio al público, empezar a vender con él y **tener muy en cuenta que es un punto de partida y que lo más importante es recoger** *feedback* **real sobre los efectos** que tiene en las ventas.

Las pruebas de precio no son instantáneas, dependen de la naturaleza de nuestro producto y ventas. Pero deberemos dejar pasar al menos unas semanas en las que hayamos podido ver si dichas ventas al precio inicial cumplen las expectativas.

Como hemos llevado cuidado en los pasos anteriores, y hemos tenido en cuenta los elementos principales de un buen precio (costes, posicionamiento y uso estratégico del mismo), tampoco habremos salido con cualquier precio de partida.

Sin embargo, nunca debe estar escrito en piedra y debemos modificar objetivos y precios por el camino si la realidad nos lo dicta.

Estos son los 5 pasos para poner un precio que, en mi experiencia, funcionan mejor en el mundo real.

Pero visto esto, creo que aún nos quedan unas cuantas cosas interesantes que aclarar.

19

Cómo establecer precios altos y vender

Este es el grial del marketing que todos deseamos y, como siempre pasa con las cosas que son así, es difícil de alcanzar. Principalmente, porque todos los buenos en nuestro sector están tratando de lograr el mismo objetivo.

Eso implica competir contra los mejores o, al menos, los más poderosos.

Estos últimos puede que no sean los mejores, pero da igual, porque son aún más peligrosos, ya que tienen los medios para conseguir estar en lo alto a pesar de su mediocridad. Esa es una señal inquietante.

Para empezar a comprender este tema, es necesario conocer primero las condiciones necesarias para poder poner precios altos y vender. Reunir estas condiciones que vamos a enumerar **no nos consigue automáticamente el objetivo**, pero debemos tener claro que, sin tenerlas todas, va a ser imposible lograrlo.

Si recordamos aquellas clases de matemáticas, estas serían «condiciones necesarias, pero no suficientes».

Por eso, nuestra primera tarea será aplicarnos en reunir estas características a la hora de competir.

1. Tener un «superpoder» que los demás no tienen

Iba a hablar otra vez de diferenciación, etc, pero es que no tenemos que ser diferentes, ha llegado un punto competitivo en el que, hoy día, **debemos tener prácticamente un superpoder que los demás no tengan**.

Lo que hagamos debe tener la cualidad de ser más rápido, más poderoso, más espectacular y bonito... más de lo que realmente le importe al cliente.

Vendamos un producto o servicio, ese «superpoder» suele resumirse en **la capacidad de proporcionar resultados tangibles al cliente** y poder probarlos sin riesgo durante el proceso de venta.

El problema, hoy día, es que muchos se lanzan a realizar actividades en las que no pueden mostrar resultados superiores reales.

Esto es especialmente cierto en una época donde han surgido *gurús* y *coaches* por todas partes, sin formación o experiencia real alguna, que prometen lo que no pueden darse ellos mismos siquiera.

En definitiva, esto significa que **debemos aportar mucho más valor que el resto de competidores**.

No un poco más, mucho más, **porque pequeñas diferencias de valor no son detectadas por el cliente**. De ahí que no tengamos que tener un poder, sino un «superpoder».

Este es el punto de partida básico y sin él no tenemos nada.

A esto hay que añadir que **un buen porcentaje de emprendedores no comprenden el tema del valor**.

Para empezar, consideran que el valor que el cliente ansía es meramente práctico.

Por ejemplo, si quiere un ordenador, debería triunfar si es el más potente o el más innovador. Del mismo modo, si triunfa un libro es porque es el que da la mejor solución, está mejor escrito o se apoya en los mejores datos.

Pero cualquier puede ver que eso no es así, porque **el valor que un cliente desea no es siempre práctico**.

Apple vende ordenadores por el doble de precio que la competencia con los mismos componentes internos, e incluso ha tenido enormes errores de diseño, como el de teclados insufribles durante años, que se rompen (y no te reparan) si se mete una miga de pan o una brizna de polvo por debajo de la tecla.

Pero Apple no necesita el mejor teclado, porque concede un valor psicológico mucho mayor a quien lo posee: **concede *status*, que es probablemente a lo que somos más adictas las personas**. Proporciona el valor de pertenecer a una especie de *élite* y que los demás, al menos algunos, tengan una cierta imagen positiva de ti.

¿Y respecto a ese libro con la mejor solución?

Es probable que nadie lo lea si resulta académico y pesado. Mientras, otros libros inferiores, **que proporcionan el valor del entretenimiento o la amenidad**, pueden colocarse por encima de volúmenes con información práctica más útil.

O ni siquiera eso.

Hay libros claramente inservibles en la práctica (99% de la sección de autoayuda de su librería) que siguen moviendo una enorme cantidad de dinero. ¿Por qué? Porque en realidad **sí proporcionan un valor, el de la falsa esperanza, el de la ilusión**.

Y es que mucha gente no desea realmente cambiar, sino **la fantasía de que puede cambiar**, el ensueño de poder hacerlo, páginas que disparen la imaginación y las sensaciones, no necesariamente los resultados tangibles.

Con esos libros, los que los compran reciben su pequeña dosis de fantasía que ayuda a soportar la realidad, **ese es el valor real**. Por eso se venden libros sobre cómo ser millonario y adelgazar fácilmente, aunque a pesar de eso no haya miles de nuevos millonarios con abdominales marcados.

Ahora, en mi opinión, **bajo ningún concepto debemos apelar a las falsas esperanzas ni las balas mágicas que no existen**.

La creación de valor real debe ser el camino.

Debemos tener un superpoder que los demás no tengan, porque **esa será la esencia que nos permita justificar el precio**. Al menos al principio, cuando nadie nos conozca y no nos hayamos hecho todavía un nombre.

La cuestión es:

¿Cuál es nuestro superpoder? ¿De verdad tenemos uno si nos lo preguntamos honestamente?

Porque cuando he hablado con muchos emprendedores, la respuesta más común era un balbuceo. La respuesta verdadera es dar un resultado superior al resto.

2. Prueba

La mayoría de nosotros no va a tener grandes contactos ni medios de marketing, así que debemos redoblar la apuesta en lo que podemos controlar: adquirir un superpoder y **poder probarlo durante el proceso de venta**.

Hay 2 tipos fundamentales de prueba.

1. **La prueba de resultados**. Es decir, poder demostrar que lo que hacemos funciona de una manera que deja en ridículo a la de la competencia.
2. **La prueba social**. Es decir, que muchos clientes, o clientes

muy famosos, confían en nosotros.

Esta es la realidad. **La segunda prueba, la social, es más efectiva que la primera para vender a precios elevados**.

- Si yo soy el asesor de George Clooney o Microsoft, sin duda debo ser un excelente asesor. Solo con eso, ya se me suponen todos los superpoderes sin necesidad de tener que probar más cosas.
- Si yo soy el líder de ventas y quien más clientes tiene, también se me presupone un superpoder por el que puedo cobrar más y, a cambio de eso, te garantiza estar con el líder.

La prueba social es tan poderosa, que podemos no tener un superpoder real y, aún así, vender más caro.

Cuando era consultor de negocio orientado a la tecnología, SAP era el sistema empresarial de las empresas líderes. El más caro que tenían todas las grandes. Y SAP era (es) una pesadilla. No he conocido a nadie que ame SAP, no he visto a nadie ilusionado por tener que usarlo o trabajar con él o programarlo a medida. Más bien al contrario.

Pero ahí está, es el sistema que usan los «mejores» (enorme cantidad de prueba social), así que es el más caro y se sigue vendiendo.

Si somos sagaces, uno podría alegar que implantar SAP en la empresa, efectivamente, parece que **confiere un valor importante aunque no sea práctico**. De nuevo, es alguna especie de *status*, pero dejemos los temas más difusos y fuera del alcance de este libro.

La prueba social, especialmente al principio y si somos desconocidos, es difícil de conseguir.

Por eso, nuestra estrategia debe estar orientada a la otra clase de prueba, a **la demostración de que lo que hacemos funciona**.

Si queremos vender a un precio más alto, debemos darle a los clientes en la cabeza con pruebas, pruebas y pruebas.

Si vendemos un producto, tenemos que centrarnos en una muestra del mismo, en implicar en ella a posibles clientes, en que lo prueben y lo usen.

Cuanta más prueba podamos reunir, más precio podremos pedir.

3. Contactos

Empezamos a entrar en condiciones que puede que nos parezcan más o menos injustas, pero no por eso son menos reales.

Si queremos vender a precios elevados, **cuantos más contactos tengamos, mejor**.

En general, la libreta de contactos es la estrategia de marketing más efectiva.

Si queremos vender a precios elevados, esos contactos son casi imprescindibles, no por sí mismos, sino porque **ellos nos pueden abrir la siguiente puerta**.

4. Capacidad de acceso a los clientes que pueden pagar ese precio

La realidad es esta:

La mayoría de los que fracasan vendiendo a precios elevados no es por falta de calidad, sino por **incapacidad de acceder a los clientes de alto poder adquisitivo** que pueden pagar ese precio.

Hay gente en casi todos los sectores para la cual el precio más elevado que pongamos le seguirá pareciendo calderilla. La clave para poder vender a precios altos en esos casos **está en llegar a esa gente**.

El problema es que esta es una de las cosas más difíciles que hay y la mayoría no sabrán de nosotros.

El mundo es acumulativo y no deja de ser el instituto. Los *populares* y ricos se juntan entre ellos y son grupos cerrados en los que es difícil entrar. Se ayudan, se compran y venden entre ellos... Son un círculo exclusivo y por supuesto querrán mantener el *status* y que no vengan de fuera a poner en peligro el equilibrio y el reparto de beneficios que hay.

En mi propia actividad, cuando he trabajado con grandes agencias y marcas, ha sido porque he podido meter un poco el pie a través del algún contacto con el que he hecho un buen trabajo, y él me ha referido a otros contactos y me ha recomendado para proyectos.

Por eso, la pregunta es:

¿A quién podemos empezar a conocer que nos sitúe en la órbita de los mejores jugadores dentro de los clientes?

Porque vamos a tener que hacer esa labor de **entablar una relación sincera de valor con ellos**, meter la cabeza y generar contactos. Demostrar la valía y que eso nos abra las puertas a otros dentro de ese grupo de clientes de mayor poder adquisitivo.

5. Un excelente marketing que nos posicione adecuadamente

El primer elemento de este marketing es ese precio algo más elevado, que ya da señales de valor.

Pero, ¿qué ocurre? Que muchos no tenemos el presupuesto de Coca-Cola para alterar las percepciones del mercado con el marketing. Ni tampoco los contactos para codearnos con la élite de mayor poder adquisitivo.

¿Cómo podemos entonces vender productos de mayor precio a clientes que no son necesariamente tan adinerados?

Con un marketing de educación. Es decir, con un marketing que muestre (eduque) el valor de lo que hacemos y lo vaya convenciendo poco a poco.

Esto es importante, porque es el único tipo de marketing al que van a poder recurrir la mayoría de los que lean esto, ya que no tendrán a grandes agencias a su disposición o montones de dinero para promocionarse.

Aún así, y aparte de ese marketing de educación, debemos mostrarnos como algo exclusivo, que aporta resultados y que no es barato.

Eso descualificará a la mayoría de clientes que no podrán pagar, pero no pasa nada, porque de todos modos íbamos a perder tiempo con ellos si no pueden asumir ese precio *premium* que pedimos.

Todo esto, en la práctica, significa que no podemos presentarnos como demasiado baratos, ni ser cutres en nuestras promociones, **ni ir a buscar a los que quieren cosas gratis o muy económicas**.

En cuanto a cómo se hace el marketing de educación, requeriría un libro entero por sí mismo y se sale de nuevo del tema de los precios. Aún así, he introducido un nuevo apartado más adelante, donde lo desarrollo algo más debido a su importancia.

6. Suerte

Si se está preguntando qué pinta la suerte en un libro de negocios, lo cierto es que **la suerte es lo más importante para triunfar**. Sin ella, da igual que seamos los mejores.

Esta es una realidad difícil de asumir, especialmente si nos creemos todas esas historias de esfuerzo y empresarios hechos a sí mismo, que cuando rascas la superficie resulta que no son tal y como nos las habían contado.

Es difícil tentar a la suerte y que caiga de nuestro lado, y no voy a profundizar en su importancia o su naturaleza, porque sería muy presuntuoso afirmar que se puede atraer a la buena suerte de manera sistemática.

Pero la realidad más importante que podemos aplicar en la práctica es esta:

La suerte es ciega, pero aún así, es más probable que mire de reojo a los que **ven todo como una posible oportunidad y tratan de generar esas oportunidades todo el rato**.

Así que no nos demos por derrotados en nuestra cabeza antes de empezar. Preguntemos más a menudo a posibles clientes. Si estamos dudando sobre si contactar con alguien o no, contactemos. Veamos todo el rato **cómo podemos convertir cualquier situación en una oportunidad y expongámonos a más cosas nuevas**, a más relaciones, presentémonos a más gente, propongamos más negocios o preguntemos más por quién podría estar interesado.

Establezcamos ese reto, especialmente si usted es un poco más introvertido como yo y no le gusta nada eso. Debemos superar esa incomodidad.

No voy a negar que, incluso así, puede que la suerte no nos sonría, pero lo que es seguro es que si no preguntamos y no arriesgamos un poco más, lo único que vamos a tener es el no.

20

El marketing de educación: Cómo vender a clientes que no son ricos sin recurrir a precios bajos

Llegar hasta los que tienen más poder adquisitivo es lo ideal y también lo más difícil. Teniendo en cuenta esa realidad, ¿cómo convences a un desconocido de que compre algo a un precio más elevado de lo habitual si no eres una superestrella todavía ni a él le sobra el dinero?

Igual que te comes un elefante: **poco a poco**.

Para lo cual puedes realizar ese marketing de educación del que ya hemos hablado.

Voy a explicar este concepto, porque me ha proporcionado muy buenos resultados en estos años.

Quizá haya oído hablar de la llamada «Teoría de los 1.000 fans». Kevin Kelly escribió sobre ella por primera vez en 2008 y Seth Godin, experto en marketing, la popularizó comentando que un objetivo ideal para muchas empresas debería ser conseguir esos «1.000 fans», en vez de 10.000 clientes cuya relación con ellos resulte superflua.

Y luego ir haciendo más y más productos para esos 1.000 fans, que casi siempre van a querer lo que la empresa ofrezca, porque reciben mucho valor a cambio.

Cultivar esos 1.000 fans ahorra mucho en campañas de marketing y permite vender nuevos productos, o un producto o servicio recurrente cada mes, sin tener que realizar un enorme esfuerzo de persuasión.

Si una empresa obtiene esos «1.000 fans» (1.000 es una manera de hablar, obviamente, no una verdad matemática a conseguir, pues cada empresa es diferente), puede garantizar unos sanos márgenes de beneficio y un éxito en el negocio.

Pero he aquí la clave más importante para lo que nos interesa en este caso:

Cultivar relaciones profundas **permite ofertar a un precio más elevado**, porque si esa relación es profunda, los clientes nos conocen y aprecian el valor de lo que hacemos.

En esa situación, podemos poner un precio más alto ya que ven claramente que, a pesar de ese mayor coste, siguen recibiendo un enorme valor neto.

En el caso de clientes, contactos o *leads* con los que tenemos menor relación, estos apenas nos conocen y nos cuesta que nos hagan caso. En esos casos, los precios altos van a suponer un mayor impacto todavía.

Estos últimos clientes no confían y no perciben claramente (ni han experimentado) el valor que ofrecemos. Por eso es mucho más difícil venderles.

Pero además de crear fans y profundizar en la relación con los clientes, el otro punto necesario para poder aplicar una estrategia de precios más elevados es la del marketing de Educación durante el cultivo de esa relación.

Qué es el marketing de educación

El marketing de Educación es **un marketing cuya esencia es informativa**.

Literalmente, vamos educando poco a poco a nuestro cliente potencial con nuestros materiales de marketing.

¿Y en qué lo educamos? Básicamente en:

1. **El valor que recibe con nuestro producto y la calidad del mismo**. Es decir, en por qué estamos pidiendo un precio que suele ser superior al de la competencia.
2. **Que pueden confiar en nosotros**. En que cumplimos lo que prometemos y somos fiables en caso de que las cosas no vayan bien.

En un primer momento, un cliente que ve varios productos y uno de ellos tiene un precio superior al resto, se pregunta por qué es así.

¿Por qué ese vino vale más caro? ¿Por qué ese ordenador cuesta 200 euros más que el resto?

Algunos de esos productos destacan por su diseño y son diferentes a la vista. Esta es la situación ideal, que puedan captar ellos mismos las diferencias. Cuando salió el iPad y su competidor inicial eran aquellos pequeños portátiles llamados *netbooks*, veías al iPad al lado de esos pequeños ordenadores lentos y parecía algo venido del futuro.

Simplemente mirando ya sabías por qué valía lo que valía.

E incluso si no lo ves al primer vistazo, **pero puedes probarlo rápidamente**, el cliente también puede detectar enseguida por qué algo vale más. Conducir ese coche del concesionario un momento para experimentar cómo es, saborear un pedazo de ese queso tan caro...

De ahí la **importancia de la prueba** de la que ya hemos hablado. Una prueba consiste en educar al cliente en que lo que hacemos da el resultado que espera.

Pero un diseño destacable o la capacidad de probar rápidamente van a ser situaciones que muchos pequeños emprendedores no van a poder aplicar muy fácilmente, debido a la naturaleza de su producto o servicio.

En la mayoría de ocasiones, vamos a tener que explicarle al cliente por qué le pedimos un precio superior, cosa que hacemos con marketing de educación. Con él, poco a poco, vamos explicando por qué nuestro diseño es mejor, vamos dando muestras del valor que va a recibir, vamos mostrando que somos fiables, nos van conociendo...

El marketing de educación no es una herramienta instantánea. Para que funcione, necesitamos tiempo y necesitamos atención, que nos escuchen y nos lean.

Por eso, el primer paso para aplicar un marketing de educación es **forjar una relación continua**.

Para ello, es imprescindible seguir estos pasos, que necesariamente han de comenzar con abrir un canal de comunicación.

Paso 1. Establecer un canal de comunicación habitual con clientes, usuarios y fans

En el caso personal de Recursos Para Pymes esto se ha realizado siempre a través de las listas correo de clientes y de listas de contactos por email, que se apuntan voluntariamente en la web.

Otras empresas lo hacen a través de visitas comerciales, llamadas telefónicas o plataformas sociales, como Facebook, Instagram o Twitter.

La cuestión es que primero debemos establecer un canal de comunicación e ir creando una audiencia.

Esta parte la tenemos que **tomar como una carrera de fondo**.

Una audiencia y una comunicación habitual con ella es algo muy valioso a construir y conservar a largo plazo. Cuando se hace bien, no es cuestión de un día para otro, pero también es cierto que es algo que nos será rentable mientras la empresa siga abiertas.

Paso 2.- Ofrecer valor en esas comunicaciones habituales

Nuestro cliente, igual que nosotros, es egoísta. El mundo de los negocios no es, ni debe ser, una cuestión de caridad.

Así que nuestra audiencia nos va a estar escuchando **mientras obtenga valor de nosotros**.

En el momento en que dejemos de tener esa mentalidad de dar valor (porque enviamos solo folletos o constantes mensajes de «cómprame» y ya está) se marchará.

Nuestra misión es que, mientras les educamos en por qué nuestro producto es superior (y por tanto merecedor de pagar un precio más elevado), les estamos dando algo positivo.

Si se apuntaron a nuestra lista de correo, visitan nuestras redes porque están interesados en los precios, y es un comprador potencial de este libro que aún no ha dado el paso, puedo aportarle valor comunicándome con él y:

- Revelando estrategias que me han funcionado y que incluyo aquí.
- Enseñando cosas que no sabían sobre el tema y sorprendiéndole.
- Mostrando ejemplos de otros estudios y estrategias que

puede aplicar en su caso.
· Detallando trucos que le hagan la vida más fácil, etc.

De esta manera, aporto valor y, a la vez, educo en mi producto mostrando que es valioso. En realidad, con esta comunicación me posiciono como una autoridad que sabe lo que dice y que, por tanto, es probable que aporte aún más valor en el libro que quiero que ese cliente compre.

Paso 3.- Construir buenas historias

A pocos niños les gusta ir a la escuela a recibir una lección pesada y, en cierto modo, **nunca dejamos de ser niños**.

Por eso, el marketing de educación no tiene que ser una exposición árida de características o ideas. **Debe ser entretenido y atrayente. Y la manera más efectiva de conseguirlo es mediante historias**.

Hay que contar historias atractivas para tener un marketing efectivo, de educación o de cualquier otro tipo en realidad.

Volviendo a ese colegio, ¿recuerda cuando en clase se aburría mortalmente cuando le pedían memorizar fechas y nombres? ¿O cuando le tocaba con ese profesor que solo tenia un tono de voz y simplemente leía el libro que tenía delante?

No se nos quedaba nada de lo que nos decían y **no podemos permitir que eso mismo le pase a nuestro marketing de educación**.

Hace años, comercialicé un software para hacer planes de marketing fácilmente y paso a paso. Dentro del proceso de marketing de educación que puse en marcha con los interesados en ese software, una de las historias que más reacción producía fue esta.

Un chico me preguntó por qué debía elegir mi software en vez de otro mucho más caro y con un modelo de plan más complejo. Al fin y al cabo, ese otro lo ofrecía la universidad privada en la que se encontraba estudiando un prestigioso máster de marketing.

Igualmente, me pedía consejo para su trabajo futuro en ese campo.

Mi respuesta fue que, en realidad, y a pesar de que vendía un software para ello, **los planes de marketing no importaban**.

Por mi experiencia, a sus jefes futuros les iba a dar igual que su plan de marketing estuviera escrito en un *post-it* **con tal de que diera resultados**.

Así que no debía centrarse en hacer un plan con un método perfecto, debía enfocarse en poder **hacerlo realidad y corregir rápidamente lo que no funcionara**, en vez de estar haciendo planes complicados que nunca se ponen en marcha o se caen en cuanto entran en contacto con el día a día.

Respecto a por qué elegir mi software, le dije que yo era malo para dar discursos de venta (la verdad es que lo soy), así que lo mejor que podía hacer era comparar por él mismo ambos programas con la versión gratuita que yo proporcionaba.

Es decir, **prueba**.

Esa respuesta le impactó, porque era inesperada, e impactó a otros clientes que supieron de ella (porque la usé dentro de una serie de comunicaciones por email con interesados en el software).

La enorme mayoría de veces, uno trata de convencer explicando las características especiales que tiene su producto, pero eso no funciona, en realidad no puedes convencer a nadie de nada.

De esa manera, la historia de ese chico es destacable y diferente a la que suelen escuchar habitualmente en el marketing de otros. Eso me posiciona de manera distinta, que recordemos que es el primer requisito si quiero empezar a pedir un precio diferente del de mi competencia.

El uso de las historias en marketing es todo un arte, porque por ejemplo esa historia del estudiante contiene muchos más elementos de persuasión y venta que no hay espacio para explicar aquí.

Sin embargo, lo más básico es que nuestras historias, aunque tengan el objetivo de educar, **no pueden cometer el pecado de aburrir bajo ningún concepto**.

En el momento en el que lo hagan, habremos perdido la atención los clientes.

En su libro incunable *Publicidad Científica*, el gran Claude C. Hopkins, una de las mentes de marketing más brillantes que han existido, ya hablaba de usar las historias para educar al cliente.

Por ejemplo, Hopkins comentaba cómo aumentaron las ventas de una empresa de cerveza gracias a **contar la historia del proceso de fabricación**, en el que creaban una bebida más pura que las demás y explicaban por qué.

Casi cien años después, **Apple sigue usando la misma estrategia** de Hopkins y, cuando saca un producto nuevo, realiza vídeos contando historias destacables y entretenidas (parecen verdaderos documentales cinematográficos) sobre el producto y su fabricación.

Por ejemplo, para su primera línea de portátiles de aluminio, que revolucionó el diseño de los ordenadores en 2008, contaban cómo creaban la carcasa de una sola pieza de este material, algo nunca hecho hasta entonces en la industria.

Para ello, sus ingenieros tuvieron que romperse la cabeza y hubo que alterar muchos procesos de producción, innovando y presentando al mundo el primer chasis *unibody*.

Esa historia te está educando en el valor del producto, en por qué la cerveza o el ordenador son superiores a las demás opciones y merece pagar un precio mayor.

Uno alcanza la maestría en las historias de marketing de educación cuando consigue, no solo que los clientes las escuchen, sino que las repitan.

Es decir, cuando vean el ordenador o beban la cerveza y el cliente le diga a los amigos: «Está hecho de una sola pieza, es el primer ordenador que se ha fabricado así». O bien: «Esta cerveza sabe tan bien porque sigue un proceso de pureza especial y triple filtrado».

Educar al cliente sobre el valor superior del producto, y por qué es diferente, es fundamental para poder cobrar precios más altos.

Cuando un cliente está en un proceso de decisión entre varias alternativas, buscará información y querrá profundizar, es en esa fase donde las historias de marketing de educación tienen su lugar.

Y funcionan, se lo aseguro. Pero es que sobre todo, sin ellas, va a ser casi imposible cobrar precios más elevados, a menos que ya tengamos contactos que, mediante prueba social, nos otorguen ese posicionamiento de *superestrella* reconocida.

Paso 4. Comunicarse regularmente

La memoria de nuestro cliente es de muy corto plazo.

Al igual que nosotros, ellos tienen un millón de cosas en su cabeza: preocupaciones, ansias, alegrías y penas.

Dentro de todo ese maremágnum constante, nuestro producto ocupará apenas una mínima parte de su energía y espacio, olvidándose enseguida.

Por eso, **el esfuerzo activo por mantenernos en la cabeza del cliente debe ser nuestro**.

Principalmente, con esa **comunicación habitual** que les dé valor y nos permita ser percibidos como aquellos que, cuando le envían algo, casi siempre resulta interesante.

Mientras sea así, **querrán seguir escuchando**.

21

Unas palabras finales

Hice breve la introducción y hago breve la despedida, porque como en el caso de los discursos de venta, tampoco soy muy bueno en ellas.

Hay mucho condensado en este libro. Por eso es importante no atragantarse y tratar de aplicar a la vez todas las estrategias. En un entorno cada vez más saturado de todo (información, gritos, trabajo, etc), es más importante que nunca centrarse como un láser en una sola cosa y terminarla.

Del mismo modo, es imposible hacer las cosas perfectas a la primera (ni probablemente a la tercera). El precio forma parte del marketing y lo más importante en el marketing es probar. Hasta que no salgamos ahí fuera y recojamos datos reales de clientes y ventas, no tenemos nada.

Probar, recoger datos, corregir.

Puede sonar aburrido y exento de *glamour*. Mejor así, es una muestra de que es lo que funciona.

Llegados a este punto, solo me queda desearle suerte, esa suerte de la que ya hemos hablado. Porque lo reconozcamos o no, es un factor demasiado importante en más ocasiones de las que nos gustaría.

Así que espero que tenga mucha suerte en todo lo que emprenda, de veras.

Y por supuesto, gracias por haber confiado. Espero haber devuelto al menos parte de esa confianza con creces. Si quiere saber más o permanecer en contacto, puede encontrarme en https://emprender.email